매일 운이 좋아지는
21일 하루 명상

매일 운이 좋아지는
21일 하루 명상

부와 성공을 끌어당기는 잠재의식의 힘

채환 지음

중앙books

당신은 분명
운이 좋은 사람입니다

운 좋은 사람과 운 나쁜 사람의 차이

●

사람은 누구나 운이 좋길 원합니다. 운이 좋아서 돈을 쉽게 벌고 금방 성공하며 삶을 즐기고 멋진 사람을 만나 사랑받길 원합니다. 그렇게 이런저런 조건들이 충족되어야 행복할 수 있다고 믿습니다. 그런데 행복에 무언가가 꼭 필요하다고 생각한 순간, 삶은 오히려 고달파집니다. 예를 들어 행복하려면 돈이 많아야 된다고, 그래서 내 행복에 더 많은 돈이 필요하다고 조건을 다는 순간 보통 사람들이 먼저 하는 생각은 '나는 지금 돈이 없어' '돈 때문에 너무 힘들어'와 같은 부정적인 생각의 파동입니다.

근본적으로 인간의 뇌는 85% 확률로 부정적인 생각을 먼저 떠올리기 때문입니다. 이는 거친 자연환경에서 생존하기 위해 생긴 인간의 본능이지요.

그런데 잠재의식에는 당신이 인식하는 순간뿐 아니라 인식하지 못하는 모든 순간까지 다 기록됩니다. 당신의 모든 파동이 기록되며 당신 인생의 95%에 영향을 끼치지만, 그 생각의 옳고 그름을 판단하지 않습니다. 단지 기록할 뿐입니다. 그렇게 잠재의식에 기록된 돈에 대한 부정적인 밀어냄이 삶에 작용해 실제로 가난한 현실을 끌어올 확률이 높아집니다. 그렇다면 어떻게 해야 잠재의식을 바꾸고 원하는 것을 끌어당길 수 있을까요?

한 사람의 잠재의식은 결국 삶의 태도를 통해 그 모습이 드러납니다. 이 삶에 큰 영향을 끼치는 세 가지 요소가 있습니다. 바로 생각, 말, 행동입니다. 어떤 생각을 하는지, 어떤 말을 하고 어떤 행동을 하느냐에 따라 삶은 그 모양이 천차만별이 됩니다. 한 생각은 한 마디의 말을 만들고, 그 한 마디는 한 동작의 행동을 만듭니다. 그 행동은 어느새 내 삶의 습관이 되고 그 습관은 평생을 갑니다.

지금 나의 삶이 부자가 아니고 운이 좋지 않다고 생각하나요? 내가 그렇게 생각하고 나는 운이 없다고 말하고 가난한 이처럼 행동하는 순간, 잠재의식의 끌어당김 때문에 내 삶은 그렇게 흘러가고 있습니다. 그 누구도 아닌 나의 생각 하나, 말 한 마디, 행동 하나가 나를 그렇게 실패자로 만든 것입니다. 반대로 지금 내 삶이 마음에 든다면 내 과거의 생각과 말과 행동이 서로 좋게 어우러진 것입니다.

여태까지와 같이 그대로 살아간다면 삶의 변화는 오지 않습니다. 미래에 지금과는 다른 삶을 살고 싶다면 이제부터 새로운 생각, 새로운 말, 새로운 행동을 시작해야 합니다. 그건 그 누구도 대신할 수 없습니다. 내 생각을 누가 대신해주겠습니까? 내 말을 누가 대신해주겠습니까? 내 행동을 누가 대신해주겠습니까? 오직 그것을 바꿀 수 있는 사람은 나입니다. 내가, 스스로가 해야 됩니다. 그 다짐이 나의 잠재의식을 바꾸고 운을 바꾸고 부와 성공, 행복을 끌어당기는 첫 단추입니다. 물론 단번에 바뀌진 않습니다. 여태까지 반복해왔던 나쁜 습관들이 이미 내게 착 달라붙어 있기 때문입니다.

이러한 부정적인 생각을 바꾸는 가장 쉽고 효과가 빠른 방법이 바로 필사(筆寫)입니다. 지금까지 내가 생각하고 말하고 행동해 보지 않은 것들을 글로 읽고 문장으로 쓰며 내 손에 익히고 마음에 새기며 꾸준히 해나가면 됩니다. 이를 통해 잠재의식에 내가 원하는 것을 기록하고 바라는 것을 끌어당겨 인생의 변화를 이끌어낼 수 있습니다.

필사로 잠재의식을 변화시키고 삶을 바꿔라

●

부정적인 잠재의식을 변화시키지 않으면 부정적인 생각이 자동으로 반복됩니다. 그러니 꾸준하게 긍정적인 생각, 긍정적인 말과 긍정적인 행동을 이어나가야 합니다. 이를 위해서는 필사를 통해 평소에 쓰지 않던 말과 문장들을 새기며 나의 마음과 생각을 환기시키고 정화해야 합니다.

우리의 뇌는 21일 동안 같은 행동을 반복하면 이에 대한 습관 세포가 생기게 됩니다. '21일의 법칙'은 미국의 의사 존 맥스웰이 1960년대 그의 저서 《성공의 법칙》에서 처음으로 주장한 내용입니다. 그는 "무엇이든 21일간 계속하면 습관이 된다. 21일은 우리의 뇌가 새로운 행동에 익숙해지는 데 걸리는 최소한의 시간이다"라고 주장했습니다. 최소 21일 동안 반복해야 생각이 의심, 고정관념을 담당하는 대뇌피질과 두려움, 불안을 담당하는 대뇌변연계를 거쳐 습관을 관장하는 뇌간까지 영향을 미칠 수 있다는 것입니다.

내 삶을 바꾸기 위해 이제 21일 동안 한 몸, 한 뜻, 한 정신으로 삶의 변화를 시작해 봅시다. 그 누구도 아닌 스스로와 변화를 약속하고 실천해 봅니다. 이를 위해 이 책에서는 21일을 7일로 나누어 3주로 구성했습니다.

첫 번째 주는 '믿음 주'입니다. 나에 대한 믿음에서 모든 변화가 시작됩니다. 인간의 능력은 무한합니다. 당신의 능력도 무한합니다. 그 능력을 내버려 두지 마세요. 내가 나를 믿지 못하고 실패자로 바라보는데 부와 성공이 따라오겠습니까. 이제는 내가 스스로를 일으켜 세울 때입니다. 먼저 내 안의 무한한 희망의 의식, 잠재력을 믿어야 합니다. 모든 것은 바뀝니다. 세상에 바뀌지 않는 것은 아무것도 없습니다. 지금 내 주변의 환경이 절망스럽더라도 바꿀 수 있습니다.

두 번째 주는 '감사 주'입니다. 내 주변의 모든 것에 감사하는 마음은 지금 내가 갖고 있는 것을 더욱 소중히 여기게 만들고 여유를 가지게 합니다. 조급한 사람과 여유 있는 사람 중 과연 누가 더 빠르게 자신이 원하는 것을 이룰 수 있을까요? 당신 안의 잠재력과 이미 가진 것에 대한 감사는 모든 상황을 긍정적으로 변화시키는 만능 열쇠입니다.

세 번째 주는 '희망 주'입니다. 내가 원하는 부와 성공, 행복이 이미 내 것이라는 확신과 희망은 내 인생으로 흘러 들어오는 운의 입구를 더 크게 넓혀줍니다. 희망으로 내 운 그릇을 더욱 키우십시오.

　이 강력한 21일의 힘을 반드시 믿어야 합니다. "이게 정말 될까?"라고 부정하는 순간 잠재의식은 그 부정을 현실로 받아들이고 이루어지지 않게 합니다. 오직 마음 내는 사람만이 마음을 바꿀 수 있습니다. 21일 동안만 따라 해 보세요. 어느새 바뀐 내 생각과 말, 행동이 내 삶을 원하는 대로 풀어나갈 것입니다.

　저 역시 긍정 확언을 통해 제가 원하는 것을 모두 이루었습니다. 생각한 대로 모든 것이 되었고 말한 대로 모든 것이 이루어졌습니다. 행동한 대로 모든 미래가 펼쳐졌습니다. 당신의 인생도 그렇게 바뀔 수 있습니다. 지금 이 책과 함께 당신의 인생을 바꾸는 첫걸음을 시작하세요.

두 손 모아 바라고 바라며

채환

이 책을
읽는 방법

먼저 평소에 편하게 쓰는 연필이나 펜을 준비합니다.

오늘의 글을 읽기 전에 잠시 눈을 감고, 코로 깊게 숨을 들이마시고, 입으로 편안하게 내뱉습니다. 들이쉴 때는 행운, 감사, 희망을 들이마시고, 내쉴 때는 아픔, 미움, 불운을 내뱉습니다.

이제 지난 일들은 모두 머릿속에서 사라집니다. 이 책을 펼친 지금, 이 순간만 존재할 뿐입니다. 지금 당신이 읽고 당신이 쓰고 당신이 말하고 당신이 행동하는 것으로 모든 것이 달라집니다.

이제 오늘의 글을 읽습니다. 눈으로 천천히 읽어봅니다. 그리고 오늘의 필사에서 쓸 문장을 읽습니다. 입가에는 미소를 머금고 마음에는 평온이 가득하며 눈으로 천천히 읽은 후, 준비된 펜을 잡습니다.

손가락에 쥔 펜의 촉감을 맞이하세요.
손바닥에 느껴지는 책의 질감을 받아들입니다.
부드러운지, 거친지,
차가운지, 따뜻한지,
어느 정도의 무게인지.

문장을 입으로 또는 마음속으로 되뇌며 빈 페이지에 천천히 써내려 갑니다. 내가 쓸 때마다 한 획 한 획 새롭게 생깁니다. 한 문장을 쓰고 난 후 마음으로 입으로 천천히 되뇌어도 좋습니다. 고쳐 쓸 필요는 없어요. 잘 쓰려 애쓰지 마세요. 그저 편하게 쓰면 됩니다. 한 줄을 쓴 다음 잠시 코로 숨을 들이마시고 편히 내쉽니다. 한 문장을 쓸 때마다 미소를 지어도 좋습니다. 눈으로 따뜻하게 문장을 읽어도 좋습니다. 한 문장 한 문장에 집중해 쓰다 보면 마음은 점점 더 평온해집니다.

진심으로 믿으며 21일 동안 매일 필사와 확언을 실천합니다. 혹시 하루라도 빠지면 1일 차로 되돌아가서 다시 시작합니다. 괜찮습니다. 다시 시작한다면 다시 성공할 수 있습니다. 내가 할 수 있을까 불안해하면 그 방향대로 갑니다. 그냥 21일 동안 스스로에 대한 믿음 속에서 읽고 필사합니다. 우리의 인생은 생각한 그 방향대로 흘러갑니다.

이제 당신이 쓰는 대로 당신의 인생이 흘러갑니다.

차례

첫 번째 주

나에 대한 믿음이 변화의 시작이다

두 번째 주

감사하면 할수록 좋은 일이 생긴다

세 번째 주

그 누가 뭐래도 당신이 희망이다

Week 1

첫 번째 주

나에 대한
믿음이
변화의 시작이다

세상에 단 하나뿐인 나,
당신은 스스로를 믿고 있습니까?
내 안의 무한한 잠재력,
그 힘은 나의 믿음을 기다립니다.
내가 나를 믿는 힘,
그것이 내 운을 바꾸는 시작입니다.

될 일은
반드시
된다

만 번 말하면 될 일은 된다

'운칠기삼(運七技三)'이라는 말이 있다. 살아가면서 생기는 모든 일들의 결과는 운과 깊은 관계가 있으며 결코 노력만 한다고 되는 것은 아니라는 뜻이다. 포송령의 《요재지이聊齋志異》에 나온 이 사자성어에 얽힌 이야기가 재밌어 함께 나누어 본다.

청나라의 한 선비가 학문과 지식에 남다른 실력을 가지고 있었는데도, 시험 운이 없어 항상 낙방했다. 함께 공부하는 벗들은 시험에 붙어 성공하는데 이 선비는 항상 시험에 떨어지니 낙심하여 시름시름 앓다가 일찍 병이 들어 죽고 만다. 마음에 깊은 상처를 안은 이 선비는 억울한 망령이 되어 옥황상제를 찾아가 따져 물었다.

"저는 친구들보다 똑똑하고 뛰어났는데 저보다 공부 못하는 친구들은 저렇게 성공하고 건강하게 잘 살고 있습니다. 그런데 저는 어찌하여 과거급제도 못하고 병으로 명줄도 짧아 이렇게 억울한 죽임을 당했습니까. 도대체 제가 무슨 업보가 있어 이런 삶을 주신 겁니까? 이렇게 복도 없는 사람이 있습니까?"

이 억울한 선비의 한 맺힌 질문에 옥황상제는 조용히 신하 두 명을 불렀다. 그 신하는 바로 정의의 신과 운명의 신이었다.

"여봐라. 술상을 봐 오너라! 둘은 술상 앞에 앉아 주량을 겨루어 보거라. 만약 정의의 신이 이긴다면 선비가 억울한 것이 맞다. 반대로 운명의 신이 이긴다면 네가 단념하는 게 옳다."

그렇게 옥황상제의 명령에 따라 선비 앞에서 정의의 신과 운명의 신이 주량을 겨루기 시작했다. 정의의 신이 한 잔 마시고 다시 운명의 신이 또 한 잔 마시고, 서로 번갈아 가면서 열심히 술을 마셨다. 그런데 세 잔 즈음 마셨을 때였을까. 갑자기 정의의 신이 얼굴을 찡그리며 말했다.

"저는 어제 과음을 해서 더 이상 마시지 못하겠습니다."

그 말을 들은 운명의 신이 "허허, 술이 약하군. 난 좀 더 즐기겠소"라고 말하곤 더 마시는 것이 아닌가? 결국 정의의 신은 세 잔밖에 마시지 못했지만 운명의 신은 일곱 잔이나 마셨다. 그 모습을 지켜보고 있던 옥황상제가 선비를 돌아보며 말했다.

"세상 일도 이와 같다. 저 술상에서 일어난 것처럼 정의대로 움직이는 것이 3이라면 운명으로 이루어지는 것이 7이다. 그래서 삶이란 꼭 운명의 장난이 따르는 법이지. 정의대로 살아간다 하더라도 운명을 피할 수 없지. 다만 운명을 바꿀 수 있는 방법이 있다면 정의의 힘을 믿으며 노력하는 수밖에 없다."

그렇다. 인생은 7푼의 불합리가 지배하지만 3푼의 합리적인 이치도 존재한다. 이와 같이 세상은 하나의 관점대로 움직이지 않으며 매 순간 변화하는 인연으로 말미암아 바뀌고 성립된다. 운에 너무 집착해도 괴로워지고 노력에 너무 집착해도 힘들어진다. 그럼에도 노력은 운을 바꿀 수 있는 첫걸음임이 분명하다. 그러므로 운에 집착하지 않되 운을 바꿀 수 있는 존재 또한 나임을 믿어야 한다.

성공한 사람들은 "운이 좋았습니다"라고 겸손하게 자신의 성공을 말한다. 하지만 이렇게 운이 좋다고 말하는 이들은 그 분야에서 시간과 땀을 멈추지 않고 투자해왔다. 그에 비해 운이 좋지 않은 사람들은 원하는 꿈이 큰 것에 비해 꾸준한 노력이 밑바탕이 되지 않는 경우가 많다. 그저 막연히 자신에게도 운이란 것이 찾아올 거라고 기대할 뿐이다. 운이란 것은 고무풍선처럼 탁 부풀어 올랐다가 금방 빠져버린다. 단 한 번의 기회가 찾아올 때 내가 미리 준비해 놓은 실력이 없다면 바람처럼 사라져 버리는 것이다. 대운도 대운을 받을 수 있고 유지시킬 수 있는 자를 찾는다. 자신에게 대운을 받을 수 있는 끈기와 실력이 있는지 살펴봐야 한다. 대운과 행운을 이어나갈 수 있는 밑바탕, 실력이 먼저 필요하다.

그렇다. 실력이다. 연습한 자만이 실수하지 않는다. 준비된 자만이 기회를 잡는다. 실력이 만들어지기 위해선 노력이 있어야 하고 끊임없는 정진을 해나가야 한다. 그렇게 꾸준한 연습과 반복을 해나가기 위해서는 스스로가 이 원(願)을 해낼 수 있고 이룰 수 있다는 믿음이 있어야 한다. 그 일에 대한 확신과 믿음이 없으면 반복할 수 없다. 그러므로 자신의 에너지, 잠재력을 믿어야 한다. 내가 하면 된다고, 될 일은 반드시 된다고, 언젠가는 되고 만다고 믿어야 한다. 만 번을 외치면 현실이 된다. 그냥 외쳐서는 안 된다. 진실로 믿고 스스로 게으르지 말고 노력하며 외쳐야 한다.

준비되어 있지 않은 자는 걱정부터 앞선다. 준비되어 있으면 걱정할 게 없다. 그 누구에게도 부끄럽지 않은 노력을 해온 자는 스스로 알고 있다. 모든 것을 받아들일 마음의 준비가 되어 있다. 어떠한 기회든 어떠한 실패든 흔들리지 않는다. 성공과 실패에 연연하지 않을수록 운은 흘러 들어온다. 자신의 진정한 실력은 성공과 실패에 대한 집착에서 벗어날 때 발휘된다.

운동선수는 잠깐의 경기를 위해 그보다 훨씬 더 긴 시간을 연습에 투자한다. 그렇게 반복과 노력을 하는 이유는 무엇인가? 본 경기에 출전했을 때 떨지 않고 평소의 실력대로 경기에 임하기 위해 평상시 그렇게 연습에 몰두한다. 경기에서 작은 실수는 성적에 결정적인 영향을 끼친다. 우린 어떤 시험이나 대회에 나갈 때 "평소대로 해. 하던 대로 하면 돼, 연습할 때처럼 하면 돼"라고 응원한다. 하지만 그게 제일 어렵다. 긴장하고 떨리고 식은 땀이 나기 때문에 평소대로 안 되는 것이다. 그래서 진짜 대회에 출전할 때는 연습하던 대로 되지가 않고 긴장감 속에 평소의 실력을 제대로 발휘하지 못한다. 그러니 수없이 연습하고 결정적인 그 순간을 위해 평상시에 평온을 유지해야 한다. 운은 그렇게 찾아온다. 간절한 믿음 속에서, 끊임없는 노력 안에서 운은 그렇게 내 것이 된다.

●

믿어라
나의 무한한 힘을 믿어라

될 일은 된다
될 일은 반드시 된다
그렇게 될 일은, 결국 그렇게 된다

나는 지금 좋은 생각을 한다
나는 지금 좋은 말을 한다
나는 지금 좋은 행동을 한다
나는 지금 좋은 습관이 생긴다
나는 지금 희망의 씨앗을 뿌린다

좋은 생각의 씨를 뿌리면 좋은 말의 열매를 맺는다
좋은 말의 씨를 뿌리면 좋은 행동의 열매를 맺는다
좋은 행동의 씨를 뿌리면 좋은 습관의 열매를 맺는다
좋은 습관의 씨를 뿌리면 좋은 인생의 열매를 맺는다

●

날마다 대운이 나의 삶으로 끌려온다
매일 더 큰 운이 나의 삶으로 찾아온다
큰 복과 선한 운들이 내 삶으로 흘러오고 있다

나는 참 운이 좋은 사람이다
나는 참 잘 풀리는 사람이다
나는 억세게 운이 좋은 사람이다

눈덩이처럼 큰 운이 나에게 굴러 들어온다
예상치 못한 대운이 내 삶에 찾아온다

나는 운이 좋다
나는 운이 좋다
모든 행운이 지금 나에게로 다가온다
세상 모든 대운이 나를 돕고 있다
우주의 모든 힘이 나를 보호하고 있다

지옥을
걷고 있더라도
계속
걸어가라

포기하지 않으면 후회하지 않는다

《후한서後漢書》의 '곽태전'에 나오는 이야기가 있다. 후한 때 맹민(孟敏)이란 사람이 살았다. 맹민은 어릴 적부터 가난해 서당도 가보지 못했다. 열심히 일해 돈을 조금씩 모은 그는 어느날 가지고 있는 모든 돈을 모아 장사를 시작하기로 마음먹었다. 그는 시루(떡 등을 찌는 데 쓰는 둥근 질그릇)를 잔뜩 사 지게에 지고 이 마을 저 마을을 돌며 팔기 시작했다.

그러던 어느 날, 맹민이 작은 마을 모퉁이를 지나가다가 그만 크게 넘어지고 말았다. 우당탕탕! 우레와 같은 소리와 함께 지게에 이고 가던 그의 시루들이 모두 깨지고 말았다. 한순간에 그의 모든 재산이 허무하게 사라진 것이다.

그런데 맹민은 물끄러미 깨진 그릇더미를 보다가 툭툭 길 가장자리로 치우고 별일 없었다는 듯 가던 길을 그냥 걸어가는 것이 아닌가? 보통 사람 같았으면 깨진 그릇 앞을 떠나지 못하고 망연자실했을 텐데 그는 뒤도 돌아보지 않았다.

마침 당시 대학자로 많은 사람의 존경을 받던 곽태(郭太)가 산책을 하다가 그 광경을 우연히 보게 되었다. 곽태는 그 모습을 보고 이 청년이 범상치 않다는 생각이 들어서 맹민을 잠시 불러 세웠다.

"여보게! 자네의 그릇이 다 깨어졌다네."

"알고 있습니다."

아무렇지도 않은 듯이 대답하는 맹민을 보고 곽태가 다시 물었다.

"자네 전 재산이 다 날아갔을 텐데, 왜 돌아보지도 않는가?"

"그릇은 이미 깨어졌는데, 돌아보면 무엇합니까?"

"이제 뭐 해서 먹고살 것인가?"

"어차피 배우지도 못하고 가난하긴 마찬가진데, 이미 깨진 것에 미련 갖지 않으렵니다. 이왕지사 깨진 김에 다른 일이나 시작해봐야지요."

곽태는 살면서 많은 사람을 만나보았지만, 이 청년처럼 현실적 상황판단력과 결단력이 있는 사람은 처음 보았다. 이런 사람이라면 무슨 일이든지 할 수 있겠다 싶어 그는 맹민에게 제대로 공부할 것을 권유했다. 맹민은 곽태의 권유를 받아들였고 훗날 뛰어난 학자가 되었다.

이러한 맹민의 단호함에서 유래한 사자성어가 바로 파증불고(破甑不顧)라는 말이다. '지나간 일이나 만회할 수 없는 일에 대해 미련을 두지 않고 깨끗이 단념한다'는 뜻이다. 그러나 이처럼 깨끗하게 단념하려면 먼저 필요한 것이 있다. 마음을 다해 그 일에 최선을 다했는가이다. 성심을 다해 노력했다면 그 일이 어떻게 흘러가고 어그러지더라도 깨끗이 놓아버릴 수 있다. 이를 항상 명심하고 살아가면 지나간 과거나 다가올 미래 속에서 후회할 일이 적어진다.

포기하지 않으면 후회하지 않는다. 혹여 포기하고 싶을 때는 다음에 나오는 오늘의 명언을 한번 읽어보자. 다시 일어날 힘을 당신에게 줄 것이다. 남겨라. 새겨라. 그리고 써라. 또한 말하라. 그러면 기억된다.

●

· 지옥을 걷고 있다면, 계속해서 걸어가라.
  _ 윈스턴 처칠

· 우표를 생각해보라. 그것의 유용성은 어딘가에 도달할 때까지 어떤 한 가지에 들러붙어 있는 데 있다.
  _ 조시 빌링스

· 성공은 수만 번의 실패를 감싸준다.
  _ 조지 버나드 쇼

· 사람들은 의욕이 끝까지 가질 않는다고 말한다. 뭐, 목욕도 마찬가지 아닌가? 그래서 매일 하는 거다. 목욕도, 동기부여도.
  _ 지그 지글러

· 당신이 지금 달린다면 패배할 가능성이 있다. 하지만 당신이 달리지 않는다면, 당신은 이미 진 것이다.
  _ 버락 오바마

· 누군가 해내기 전까지는 모든 것이 '불가능한 것'이다.
  _ 브루스 웨인

●

· 용기는 항상 크게 울부짖는 것이 아니다. 용기는 하루의 마지막, "내일 다시 해보자"라고 말하는 작은 목소리일 때도 있다.
  _ 메리 앤 라드마커

· 손에 쥔 밧줄이 미끄러질 것 같다면 매듭을 묶고 매달려라.
  _ 프랭클린 루스벨트

· 승자는 한 번 더 시도해본 패자다.
  _ 조지 무어 주니어

· 얼굴이 계속 햇빛을 향하도록 하라. 그러면 당신의 그림자를 볼 수 없다.
  _ 헬렌 켈러

· 비록 아무도 과거로 돌아가 새 출발을 할 순 없지만, 누구나 지금 시작해 새 엔딩을 만들 수 있다.
  _ 칼 바드

· 내가 상처받지 않기로 마음먹은 이상, 어느 누구도 내게 상처를 입힐 수 없다.
  _ 간디

· 그 누가 뭐래도 당신이 희망이다.
  _ 희파 채환

●

내 것이 아닌 것을 탐내지 마라
내 땀과 노력이 스며들지 않은 것은 내 것이 아니다
내 불편한 감정과 욕심은 결국 나에게 되돌아온다
나를 힘들게 하는 것은 나밖에 없다
나를 일으켜 세울 이도 나밖에 없다

내가 건강하고 싶다면
세상 모든 이의 건강을 위해 기도하라
내가 성공하고 싶다면
세상 모든 이의 성공을 위해 기도하라
내가 행복하고 싶다면
세상 모든 이의 행복을 위해 기도하라

나는 오늘도 숨 쉴 때마다
세상 모든 이들의 건강과 성공, 행복을 위해
기도하는 마음으로 살아가리라

어떻게
아침을 시작하느냐가
인생을 결정한다

이렇게 하면 하루를 망치지 않는다

요즘 '○○ 루틴'이란 말을 많이 쓴다. 루틴의 의미는 자신만의 특정한 규칙을 만들어 매일 습관처럼 같이 행동하는 것을 뜻한다. 특히 특정한 시간에 최상의 능력을 발휘하고 최상의 컨디션을 유지하기 위해 운동선수들에게는 루틴이 필수인 경우가 많다. 예를 들어 수영선수들은 시합에 들어가기 전 큰 헤드폰을 수모 위에 쓰고는 자신이 평소 좋아하는 음악을 크게 들으며 마음을 안정시킨다. 야구선수들은 타석에 나서기 전에 껌을 씹거나 타석 위에서 헛스윙을 서너 번 하거나 자신만의 특별한 단어나 기도 혹은 주문을 외운다. 선수마다 각기 다른 루틴으로 긴장감을 풀고 마음을 평온하게 하기 위해 노력한다. 습관과는 조금

다르다. 루틴은 습관을 뛰어넘어 자신이 원하는 무언가를 이루기 위해 꾸준한 의지와 노력으로 어떠한 목적을 갖고 의식적으로 하는 행동이라 할 수 있다.

꼭 운동선수가 아니더라도 누구나 하루의 때에 따라 하루를 시작하는 아침 루틴과 마무리하는 저녁 루틴, 잠들기 전의 수면 루틴 등을 만들 수 있다. 이 중 제일 중요한 것이 아침 루틴이다. 하루의 시작이 곧 그날의 하루를 결정짓는다. 아침 루틴은 자는 동안 정체되어 있는 자신의 무의식을 새롭게 환기시키고 성공하고 만족하는 하루를 시작하는 첫 단추다. 나만의 루틴으로 만드는 아침이 하루하루 쌓이고 쌓여 나의 매일이 희망으로 바뀔 때 운은 스스로 찾아오게 된다. 그냥 습관적으로 하는 것이 아니라 자각하고 깨어 있는 마음으로 본인의 행동을 스스로 알아차리고 바라보고 의식하며 루틴을 만들자. 자신만의 아침 루틴을 세우기가 막연하다면 다음의 성공한 사람들의 아침 루틴 규칙 6가지를 참고해보자.

첫 번째는 아침에 일어나자마자 하지 말아야 할 행동이다. 많은 수면 전문가들이 금기시하는 행동이 바로 알람을 1개 이상 반복하는 것이다. 아침에 일어나는 것은 항상 쉽지 않다. 그러다 보니 알람을 2~3개 맞춰놓고 조금이라도 더 자려고 애쓰는 경우가 많다. 하지만 이런 수면 방식은 아침을 더욱 피곤하게 시작하는 방법이다. 알람 소리로 의식이 깬 몸이 다시 수면 패턴으로 돌입했다가 잠시 후 다시 깨어날 때 몸과 정신은 더욱더 피곤함을 느끼게 된다. 수면 전문가들은 조금 더 자려고 누르는 알람의 스누즈 버튼은 오히려 수면 사이클에 타격을 입혀서 바로 일어나는 것보다 더 많은 피로가 쌓이게 된다고 말한다. 그리고 일어나기 싫은 감정 때문에 스트레스 호르몬까지 더 분비되기 때문에 심장에 무리를 주고 혈압에도 좋지 않으며 불안 증상이나 스트레스성 질병까지 초래할 수 있다고 한다. 그러니 오늘부터 바로 일어나는 루틴을 실천해보자.

두 번째는 일어나자마자 스마트폰을 확인하지 않는 것이다. 대부분의 사람들이 스마트폰을 알람으로 사용하기에 알람을 끄면서 스마트폰을 자연스럽게 보게 된다. 오늘부터는 알람을 끄면 바로 폰을 내려놓자. 잠시만 봐야지 하는 동안 SNS나 메시지 등으로 인해 작은 스트레스에 뇌가 노출된다. 또 아직 눈이 편하지 않은 상태에서 스마트폰에 집중하게 되면 눈의 피로도도 올라간다. 아침에는 최대한 부정적인 것을 멀리하고 긍정적인 기운에 노출하는 것이 중요하다. 스마트폰은 내려놓고 창문 쪽으로 다가가 바깥을 바라보며, 햇살을 느끼고 깊은 심호흡을 하면서 몸의 이완을 도와보자. 평온한 마음을 잠시라도 유지하는 아침 루틴이 하루의 운을 결정한다.

세 번째는 미온수를 마시는 것이다. 사람은 잠을 잘 때 숨을 쉬는 것만으로도 몸속에 있는 수분을 조금씩 잃게 된다. 식물이 물이 부족할 때 축 늘어지는 것처럼 몸도 수분이 없어지면 기운이 없고 처지게 된다. 이 때문에 일어나자마자 꼭 미지근한 물 한 잔을 천천히 마셔주는 것이 매우 중요하다. 가급적 침과 섞어 음미해가며 두세 번에 걸쳐 편안하게 천천히 한두 컵 정도만 마신다. 아침에 물을 잘 마시는 루틴만으로도 몸속의 부정적인 느낌과 만성피로, 신체의 찌뿌둥함을 개선할 수 있다. 물 한 잔을 마실 때도 오늘도 이 물을 마실 수 있음에 감사하다는 마음으로 마신다면 귀한 보약보다 더 좋다. "이 행운의 물을 마실 수 있음에 감사합니다. 이 감사의 물을 마실 수 있음에 감사합니다"라고 마음으로 되뇌어라. 몸의 기운이 살아나면 운도 살아난다.

네 번째는 스트레칭을 하는 것이다. 잠을 자고 난 후 몸과 마음은 극도로 에너지가 가라앉은 상태다. 모든 근육이 잠을 자는 상태여서 몸 구석구석을 깨워주고 정신도 깨워주는 것이 중요하다. 아침에 스트레칭을 하면 자연스럽게 엔도르핀이 방출되고 뇌 속으로도 산소가 충분히 공급되어 아이디어와 창조력을 길러주는 데 도움이 된다. 깊은 심호흡을 3번 정도 함께 반복해주면서 스트레칭을 하면 더 큰 효과를 볼 수 있다. 단, 급하게 하지 말고 힘든 운동보다는 가벼운 유산소 운동이 좋겠다. 몸과 마음은 둘이 아니다. 몸이 편안하고 개운하면 나의 운도 열린다. 그렇게 몸과 마음을 항상 청정하게 유지하는 것이 운을 여는 시작이다.

다섯 번째는 일어나자마자 햇빛을 보는 것이다. 일어나면 커튼을 활짝 열고 창문을 연다. 그리고 햇빛이 비치는 창가에 잠시 서 있어도 좋고 앉아 있어도 좋다. 그저 가볍게 미소 지으며 먼 곳을 바라보자. 무한히 내려쬐는 아침 해를 느끼자. 매일 무한히 우리에게 선물되는 햇살에 감사하라. 그리고 그 빛이 희망의 빛이고 감사의 빛임을 되뇌어라. 내 몸에 있는 모든 질병이 이 빛으로 인해 모두 소멸되고 정화되고 있음을 믿고 맡겨라. 저 태양처럼 아낌없이 세상에 베풀고 나누는 존재가 되기를 희망하라. 세상 모든 대자연의 운기를 가슴으로 품어라.

여섯 번째는 명상이다. 대부분의 사람은 명상을 종교적이라 생각한다. 그러나 명상은 종교가 탄생하기 이전, 인간이 존재할 때부터 함께해온 자가 치유법이다. 다만 불교 등 종교에서 마음을 수련하기 위해 명상을 집중적으로 활용하다 보니 종교적으로만 보는 관점이 있다. 그러나 명상은 어떠한 종교적 활동으로만 그치는 것이 아니라 본질적인 존재의 쉼이다. 동물들이 아플 때 아무것도 먹지 않고 그저 고요히 쉬며 자신의 병을 돌보는 것처럼 내 몸과 마음을 잠시 쉬며 신체와 영혼을 돌보는 자가 치유법이다.

쉼에는 몸의 쉼과 정신의 쉼이 있다. 쉰다는 것은 힘이 들어가지 않는 것이다. 사실 잠을 자는 동안에도 인간은 정신과 몸에 힘이 들어간다. 좋지 않은 꿈을 꾸기도 하고 다리에 쥐가 나기도 하고 가위에 눌리기도 한다. 이를 갈기도 하고 식은땀을 흘리거나 소리에 깨기도 한다. 그렇게 밤새 뒤척이며 수면을 취하다 보니 몸과 정신이 부조화스러운 상태에서 급히 아침에 일어나게 된다. 그런 상태에서 아침을 시작하니 어찌 하루가 평온하게 흘러갈 수 있겠는가? 이 모든 부조화를 조화롭게 바꾸는 것이 바로 아침 명상이다.

거창하게 생각할 필요 없다. 그저 편안하게 앉아서 몸에 힘을 빼고 입가에 작은 미소를 짓고 경직된 몸을 편안하게 하자. 눈은 감아도 좋고 떠도 괜찮다. 그저 깊게 코로 천천히 숨을 들이마시고 천천히 입이나 코로 내쉬어본다. 두세 번 더 반복한다. 그저 편안하게 호흡만 해본다. 온전히 자신의 호흡을 바라보며 호흡에 집중하며 숨 쉬는 것을 관찰해본다.

아침에 일어나서 단 2~3분만 이렇게 내 호흡에 집중하고 관찰하는 것만으로도 금세 몸과 정신이 조화롭게 제자리를 찾아간다. 참 쉽다. 명상은 어려운 것이 아니다. 그저 잠시 호흡을 천천히 쉬어 보면서 내 호흡을 하나하나 느끼는 것만으로도 명상의 효과를 느낄 수 있다. 아침 명상을 통해 몸과 정신이 평온하게 되면 저녁까지 평온하다. 이 몸과 정신이 조화를 이루게 되면 막혀 있던 운도 풀리게 된다. 모든 일에도 집중하기가 쉬워지고, 몰입이 잘 되고 능률이 오르니 당연히 그날의 모든 일들이 술술 풀린다.

인생을 바꾸는 것은 이렇게 쉽게 시작된다. 이제 하루 아침의 시작에 집중해보라.

오늘의 필사 | ●

매일 아침 24시간의 선물이 찾아온다
나는 이 선물을 감사히 받는다
나는 아침마다 새롭게 태어난다
내 몸과 마음은 항상 청정하고 맑다

나의 하루는 매일 새롭고 신선하다
나의 생각 하나가 나의 하루임을 안다
나의 말 한 마디가 나의 일상임을 안다
나의 행동 하나가 나의 습관임을 안다

오늘 아침 내 한 생각이 바뀌면 하루도 바뀐다
오늘 아침 내 말 한 마디가 바뀌면 하루도 바뀐다

오늘 아침 살짝 예민해도 괜찮다
예민함은 신이 준 큰 축복이다
세심함도 삶 속의 예술작품이다

천천히 코로 숨을 들이마셔라
천천히 입으로 숨을 내쉬어라
몸과 마음이 점점 편안해진다

●

나의 한 생각이 현실이 된다
그러니 오늘 한 마음 한 행동을 지켜본다
지금 내 삶을 만족할 수 없다면
지금까지 살아온 대로 살지 말아야 한다

오늘 하루 삶의 무게에 주눅 들지 마라
그 어떤 존재에게도 주눅 들지 마라
친절하지 않은 사람 앞에서 주눅 들지 마라
그런 존재에게 일부러 친절하려 노력하지 마라
스스로의 존엄함을 지켜라
스스로의 존중함을 내가 깊이 새겨라

나를 아끼고 존중하며 스스로 배려할 줄 아는 자만이
남도 아끼고 존중하며 배려할 수 있다
모든 것은 나로부터 시작되었다
내가 창조자다

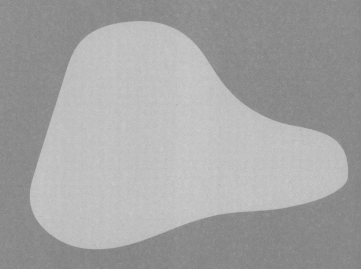

(4일)

누가 뭐래도
내 길을
간다

추구하는 바가 있다면 끝까지 나아가라

《논어論語》에 나오는 이야기다. 때는 바야흐로 춘추전국시대, 공자와 제자들이 길을 가고 있었다. 하지만 공자의 어깨는 움츠려 있었다. 많은 나라를 돌며 많은 왕에게 도덕과 예의로 백성을 다스려야 한다고 설득했지만, 공자의 인의예지(仁義禮智) 논리가 춘추전국시대 상황에 맞지 않다며 공자의 주장은 가는 곳마다 거절당했다.

탐욕과 이기심으로 가득 찬 왕들에게 실망을 느낀 공자는 다시 자신의 뜻을 받아들여 줄 새로운 군주를 찾아 고단한 여행길을 몇 명의 제자들과 묵묵히 걸어가고 있었다. 날이 어둑어둑해질 무렵, 낯선 길을 따라가던 일행은 막다른 큰 강줄기를 마주하게 되었다. 일행은 강을 건널 수 있는 나루터가 어디 있는지 찾아 우왕좌왕했다.

　마침 저만치 강 옆의 밭에서 쟁기로 땅을 갈고 있는 두 사람이 보였다. 밭을 가는 두 사람은 춘추시대의 혼탁한 세상을 떠나 자연 속에 숨어 사는 도가 수행자인 장저와 걸닉이었다. 이를 모른 채 공자는 제자 자로에게 일렀다.

　"자로야, 네가 가서 저분들에게 나루터의 위치를 여쭤보고 오너라."

　"네, 스승님."

　자로는 꽤 떨어진 그 밭으로 서둘러 간 후, 밭을 가는 장저에게 다가가서 말을 걸었다.

　"말씀 좀 묻겠습니다. 혹시 나루터 가는 길이 어딘지요?"

　밭을 갈던 장저가 제자에게 되물었다.

　"저기 수레 위에 점잖게 고삐를 쥔 사람은 누구신가?"

　"공구(孔丘, 공자의 본명)이십니다."

　"노나라의 공자란 말이냐?"

　"예, 그렇습니다."

　"공자 정도 되면 눈을 감고라도 나루터 가는 길쯤은 예측해야 하지 않는가? 당연히 나루터가 어디 있는지도 알겠지."

　장저는 더 이상 쳐다보지도 않고 다시 밭일을 이어갔다. 답답해진 제자가 이번에는 옆에 또 다른 밭일을 하는 걸닉에게 다가가 다시 물었다.

"말씀 좀 묻겠습니다. 나루터 가는 길이 어디인지요?"

그러자 걸닉도 제자에게 되물었다.

"나루터 가는 길을 묻는 너는 누구냐?"

"자로입니다."

"저 고삐를 쥐고 있는 공자라는 자의 제자인가?"

"예, 그렇습니다."

"그럼 자네, 내 얘기 잘 한번 들어보시게나. 온 세상이 거센 흙탕물처럼 빠르게 흘러가는데 누가 감히 이 세상을 고칠 수 있단 말인가? 공자라고 해서 이 세상을 바로잡을 수 있단 말이냐? 자네도 정신 차리게. 세상을 이리저리 기웃대며 다니는 저런 사람을 따라다니지 말고 차라리 어지러운 세상을 피해 우리와 같이 자연 속에서 지내는 게 어떠한가?"

그제야 두 사람이 자연에 묻혀 세상을 등지고 살아가는 도가 수행자임을 눈치챈 자로는 그 자리를 떠나 다시 공자의 곁으로 돌아갔다. 머쓱해진 자로는 공자에게 그들이 한 얘기를 그대로 전했다. 말을 다 듣고 난 후 공자가 탄식하면서 말했다.

"사람이 어찌 세상을 버리고 자연 속 짐승들과만 살 수 있겠는가. 내가 고난 속의 세상 사람들과 더불어 살지 않는다면 누구와 더불어 살겠는가. 이 세상에 질서가 잡혀 있다면 내가 구태여 이렇게 세상을 바꾸려 애쓰지도 않을 것인데…."

공자가 살던 춘추전국시대는 그야말로 난세였다. 그 혼란은 급격한 경제적 변화로부터 시작되었다. 당시 각 나라들은 땅과 재물을 빼앗기 위해 끊임없이 전쟁을 일으켰는데 수많은 사람들의 죽음 속에 신분제를 비롯한 기존의 많은 제도가 무너지고, 정치와 경제가 엄청난 혼란 속에 어지러웠다. 마치 홍수가 터져서 뻘건 흙탕물이 거세게 흘러가듯 그 시대에 들이닥친 엄청난 변화와 혼란 속에서 어지러웠다. 그래도 이 세상을 내가 바로잡아야 한다는 일념으로 꿋꿋이 자신의 길을 걸어간 사람이 공자였다.

이 때문에 공자는 당시 세상을 버리고 숨어 살던 도가 사상에 심취한 이들, 바로 장저와 걸닉 같은 사람들로부터 조롱과 비난을 받기도 했다. 하지만 어떠한 비난도 공자의 마음을 굴하게 하지 못했다.

35세에 고향을 등진 공자는 자신의 뜻을 받아줄 왕을 찾아 오랜 기간 전국을 떠돌아다녔으나 아무에게도 받아들여지지 않았다. 오로지 무력으로 천하통일을 꿈꾸던 당시 왕들이 공자의 덕(德)으로 다스리는 도덕정치를 받아들일 리 없었다. 대의를 품고 천하를 떠돌아다니던 공자는 68세에야 고향에 정착했다. 그리고 노년의 어느 날 자신의 삶을 반추하며 말했다.

"나이 열다섯에 지학(志學), 즉 학문의 길로 가기를 마음먹었고, 서른에 이르러 이립(而立), 즉 세상에 나의 존재를 알렸으며, 마흔에는 불혹(不惑), 즉 어떤 일에도 흔들림이 없었고, 쉰에 이르러서는 지천명(知天命), 즉 하늘의 뜻을 모두 알게 되었으며, 예순에는 이순(耳順), 즉 모든 일에 대한 순리를 깨달을 수 있었고, 일흔에는 종심(從心), 즉 하고 싶은 대로 해도 법도에 어긋나는 일이 없었다."

공자는 자신이 옳다고 생각하는 바를 평생 추구하며 죽을 때까지 그 길을 걸었다. 당신은 어떤 길을 가고 있는가? 무엇을 추구하는가? 어려서는 자신을 위해 산다. 자신의 능력을 키우고 더 많이 성취하는 데 집중한다. 그러나 나이가 들수록 세상을 위해 살아야만 자기 자신도 성장할 수 있다. 젊어 키운 능력을 세상을 위해 쓰지 않으면 그 능력은 한낱 재주에 불과하다. 큰 어른으로 성장하는 길로 정직하게 나아가고 있다면 누가 뭐라고 해도 당신은 훌륭하다. 자신을 의심하지 마라. 당신은 충분히 잘하고 있다. 이미 당신은 대운의 길에 들어섰다.

●

나는 내 길을 가겠다
나의 길을 걸어가겠다
그 길이 어떠한 길이든
나는 나의 길을 가겠다

잘하고 있다
충분히 잘하고 있다
모든 면에서 충분히 잘하고 있다
잘 해내고 있다
모든 것을 잘하고 있다

서두르지 말자
조급하지 말자
막히면 돌아가면 되고
멈추면 쉬어가면 된다
모든 것은 나로 인해 시작되었고
모든 것은 나로 인해 마무리된다

●

내가 내 삶의 주인이다
내가 바로 주인공이다
내가 주인이므로 모든 것을 내가 창조한다

내가 내 삶의 창조자다
내가 바로 모든 것이다
나는 모든 면에서 잘하고 있다
모든 것을 잘 해내고 있다
충분히 잘하고 있다

나는 꿈을 꾼다
내가 꾸는 꿈이 곧 현실이 된다
내가 꾸는 꿈은 매일 이루어진다
내가 꾸는 꿈은 반드시 성공한다
내가 꾸는 꿈은 매일 좋아진다
내가 꾸는 꿈은 모든 면에서 희망적이다
내가 바로 희망이다

5일

마음의
등불을 켜면
희망이 된다

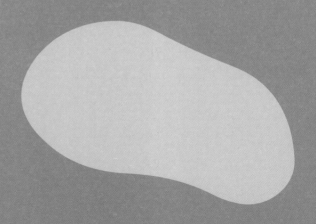

내 안의 등불을 켜라

테레사 수녀는 인도 빈민가의 가난하고 병든 사람을 위해 평생을 봉사하고 헌신하여 노벨평화상까지 받은 분이다. 어느 날, 테레사 수녀가 한 가난한 노인의 집을 방문했다.

사실 그곳은 집이라기보다 움막처럼 보이는 곳이었다. 들어가니 온통 먼지투성이에다가 더러운 이불과 낡은 옷들은 몇 년 전에 빨았는지 알 수조차 없었다. 역겨운 냄새가 감도는 헛간 같은 곳에서 노인은 혼자서 무기력하게 죽어가고 있었다. 테레사 수녀는 그저 노인에게 한마디를 건넸다.

"제가 이곳을 청소하겠습니다."

테레사 수녀의 말에도 노인은 반응하지 않은 채, 힘없이 누위만 있었다. 이에 아랑곳하지 않고 테레사 수녀는 바닥을 쓸어내고, 먼지를 털어냈다. 더러운 옷가지와 이불을 빨고, 구석구석을 쓸고 닦았다. 청소를 하는 몇 시간 동안 둘은 아무런 대화도 나누지 않았다.

왜 이렇게 힘든 상황이 된 건지, 왜 이곳을 청소하러 왔는지, 서로 어떠한 대화도 없었다. 그렇게 청소를 하다가 테레사는 구석에 처박혀 있던 조그만 등을 하나 발견했다. 먼지에 뒤덮인 오래되고 낡은 등이었다.

"이 등은 뭔가요?"

"…손님이 오면 켜는 등이라오."

그 대답을 들은 테레사 수녀는 공을 들여 오랫동안 등을 닦기 시작했다. 어느 정도 등이 깨끗해져 갈 무렵 그녀는 노인에게 다시 물었다.

"이제껏 이 등을 켤 일이 없었던 모양이죠?"

"몇 년 동안 한 번도 켜지 않았소. 누가 죽어가는 늙은이를 만나러 오겠소?"

노인은 가족도, 찾아오는 사람도 하나 없이 쓸쓸히 생의 마지막을 견뎌내고 있었던 것이다. 사실 노인은 그 어떤 도움과 먹을거리 보다 더 사람이 그리웠다.

청소를 끝낸 테레사 수녀는 떠나기 전에 이렇게 말했다.

"앞으로 제가 이곳에 오겠습니다. 저를 위해 저 등불을 켜주십시오."

"오기만 한다면야…."

그 후 그녀는 종종 그 노인의 집에 찾아갔다. 자신이 가지 못할 때는 동료 수녀를 대신 보내기도 했다. 노인은 자신을 잊지 않고 찾아와 집안일도 돌봐주고, 자신의 이야기도 들어주는 테레사와 동료 수녀들이 참 감사했다.

그 후 노인의 집엔 거의 매일 등불이 켜지기 시작했다. 그 등을 보고 지나가던 건너편 마을사람들도 가끔 그 노인의 집에 들르고는 했다. 이제 노인은 더는 쓸쓸하지 않았다.

그렇게 몇 년의 시간이 지난 후 노인은 결국 숨을 거두게 되었다. 숨이 다하기 전, 노인은 마침 곁에 있던 한 수녀에게 이렇게 말했다.

"테레사 수녀에게 전해주시구려. 많은 이야기를 나누지는 않았지만, 그녀는 나의 아픈 마음을 말하지 않아도 읽어준 사람이오. 내 인생의 등불을 켜준 단 한 사람이라오."

노인의 방에 켜진 등불은 단순히 방을 밝히는 조명이 아니었다. 차가워진 마음을 따뜻하게 만드는 희망의 불이 켜진 것이다. 잡동사니처럼 먼지만 쌓이던 등불을 발견하고 깨끗하게 닦아서 다시 돌려준 테레사 수녀 덕분에 노인은 외롭지 않게 여생을 마칠 수 있었다.

테레사 수녀는 노인에게 많은 말을 하지 않았다. 그저 등불을 닦아주고 켜달라고 부탁했을 뿐이다. 이처럼 누군가에게 건네는 희망에는 많은 말이 필요하지 않다. 그저 친절한 손길과 말한 마디만으로도 누군가에게 어마어마한 희망을 전할 수 있다. 그리 거창한 것도 아니다. 어두운 방 안에 작은 불빛이 생기고 누군가가 곁에서 마음 써주는 것으로 충분하다. 진심이 담긴 위로의 말 한 마디가 누군가에게는 상처를 치유하고 삶의 희망을 불어 넣어준다.

혹시 당신도 자기 안의 희망 등불을 먼지 쌓인 채 묻어두고 있지는 않은가? 우리는 누구나 마음속에 희망 등불 하나씩을 가지고 있다. 누군가는 그 등불을 잊어버린 채 닦아주지도, 켜주지도 않아 어둠 속에서 지낸다. 또 다른 누군가는 자기 안의 등불을 날마다 깨끗이 닦고 켜서 자신뿐만 아니라 다른 사람들까지 환하게 비춘다.

우리는 희망의 등불이다. 자신뿐만 아니라 다른 이에게도 등불이 될 수 있다. 지금 당신은 누구의 등불이 되어주고 있는가? 오늘, 내 안의 등불을 보살펴라. 깨끗하게 닦고 정비하라. 내 주변에 아무도 없더라도 그 희망의 불을 켜라. 그 빛을 보고 절망 속의 인연들이 모여든다. 빛 한 점 보이지 않는 어둠 속에서는 불빛 하나가 희망이다. 희망과 빛의 존재가 바로 당신이다. 내가 먼저 타인에게 빛을 비추어 준다면 나는 그 반사되는 빛으로 인해 더욱더 빛날 수 있다.

●

스스로 빛나는 별은 없다
서로 비추어 줬을 때 더 큰 빛이 된다
나누고 베풀수록 더 큰 희망이 되돌아온다

나누면 나눌수록 내 삶은 풍요로워진다
나는 매일매일 작은 나눔을 실천한다
마음으로 하는 나눔, 타인을 위한 기도
말로 하는 나눔, 타인을 위한 칭찬
행동으로 하는 나눔, 타인을 위한 봉사

베풀수록 풍요로워진다
나눌수록 되돌아온다
마음을 나누면 마음은 더 평온해진다
나누는 마음을 내면
나눌 수 있는 상황을 선물 받는다
베푸는 행동을 하면
베풀 수 있는 현실을 선물 받는다

봉사를 하면
봉사할 수 있는 여유를 선물 받는다
이 모두 내 한 마음 내기 나름이다

나는 오늘 어떠한 마음을 낼 것인가
나는 오늘 어떠한 생각을 할 것인가
나는 오늘 어떠한 말을 할 것인가
나는 오늘 어떠한 행동을 할 것인가
그 어떠한 상황이라 해도
나는 오늘 희망의 등불을 켠다

6일

운은 결코
우연이
아니다

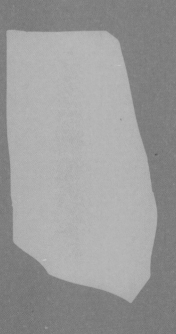

운이 자신을 향하게 하는 법

보통 사람들은 운을 랜덤이라고 생각한다. 자신이 관여할 수 없는 것이며 어쩔 수 없는 일이라고 생각한다. 하지만 아니다. 운에도 일정한 규칙과 방향성이 있다. 자신에게 운이 흘러 들어오도록 하는 방법이 있다는 것이다. 반대로 운을 잘못 대하면 운이 나쁜 방향으로 흘러갈 수도 있다.

그렇다면 어떻게 해야 좋은 운을 불러들일 수 있을까? 운을 좋게 만들기 위해 생활 속에서 꾸준히 반복해야 할 습관들이 있다. 운이 잘 풀리는 사람들이 꼭 지키는 습관 15가지를 알아보고 내 삶에 적용해보자.

1. 감사하는 마음으로 아침을 시작하라.

만물이 시작되는 시간이 바로 아침이다. 만물이 다시 탄생하고 생기가 피어나는 시간, 이때야말로 행운을 부르는 최적의 시간이다. 오늘부터 아침에 일어나면 이렇게 해보라. 눈 뜨자마자 가장 먼저 보이는 것에 감사하라. 가장 먼저 들리는 소리에 감사하라. 그리고 미소 지으라. 아침의 기운이 하루의 행운으로 바뀔 것이다.

2. 활기차게 미소 지으며 쾌활하게 인사하라.

일어나 처음 만나는 존재에게 웃으며 인사하라. 가족이라면 서로 포옹하면 좋다. 혼자 산다면 꽃도 좋고, 태양도 좋다. 태양에게 아침 인사를 하고, 식물들에게 이름을 지어주고 날마다 불러줘라. 일터나 외출해 만나는 이에게도 반갑게 입꼬리를 올리며 인사하라. 미소는 행운을 부르는 주문이다.

3. 내 운은 내가 바꾼다.

지금 어떠한 좋지 않은 상황도 반드시 바뀔 수 있다. 아무리 나쁜 운도 좋아질 거라는 믿음과 의지 앞에서는 주춤하게 되어 있다. 신념만 있다면 그 어떠한 불운도 물리칠 수 있다. 다만 미리 나쁜 운이 만들어질 상황을 뿌리 뽑는 게 좋다. 미리 대비하

라. 운을 망치는 좋지 않은 습관을 미리 차단하라. 내 생각과 말과 행동을 매 순간 지켜보고 관찰하라. 바른 생각, 바른 말, 바른 행동, 바른 습관을 매일 세밀하게 지켜보라. 내 운은 내가 반드시 바꾼다는 생각으로 내 몸짓, 내 말뜻을 매 순간 알아차리고 수정해나가면 그 어떠한 불운도 도망가고 자연스레 행운이 저절로 굴러 들어온다.

4. 일어나는 모든 상황을 긍정적으로 바라보라.

하루 동안 만나는 인연들, 접하는 장소들, 인연 맺는 모든 상황 속에서 긍정적인 면을 찾아라. 매사에 좋은 면을 바라보라. 부정적인 생각으로 세상을 바라보면 탁한 기운이 주위를 채운다. 몸 안에도 불운이 가득 차게 된다. 어떠한 상황에도 내가 살아있는 것이 기적이라는 마음을 내어라. 기적의 존재에게는 기적이 찾아오게 되어 있다. 기적의 운은 내가 바로 기적임을 인정하고 받아들일 때 찾아온다.

5. 만나는 모든 존재들을 칭찬하라.

칭찬은 '양기(陽氣)'를 불러오는 마법이다. 모든 사람에게는 장단점이 있다. 장점만 있는 사람도 없고, 단점만 있는 사람도 없다. 단점을 보면 단점이 계속 보이고 장점을 보면 장점이 계속 보인다. 다른 사람을 칭찬하면 그 칭찬의 기운은 칭찬한 사람에게 되찾아온다. 남을 험담하면 그 험담의 액운이 다시 나에게 되돌아온다. 부메랑과도 같다. 사람을 만날 때는 그가 잘하는 것을 살펴라. 상대방의 단점이 보인다면 어쩌면 내가 바꾸고 싶은 나의 단점일 수 있다. 혹 나에게 그 단점이 있는지 살피고 고쳐라. 세상 모든 칭찬은 나로부터 시작된다. 먼저 나를 인정하고 칭찬해줘라. 나의 단점을 인정하고 받아들이고 보듬어줘라. 그러면 세상 모든 이들의 좋은 점이 내 눈앞에 보일 것이다.

6. 바른 자세를 하라.

몸은 곧 마음이다. 과학자들도 몸과 마음은 긴밀하게 연결되어 있다고 말한다. 마음이 힘들고 괴로우면 금세 몸도 피곤하다. 몸이 건강하고 편안하면 마음도 평온하고 안락하다. 내 몸을 지켜보라. 흐트러져 있는 자세나 찡그린 얼굴 표정은 내 마음의 건강과 몸의 건강을 나쁘게 만든다. 바른 몸에 바른 마음이 깃든다. 몸의 바른 자세는 곧 운을 통하게 하는 길이다. 자세가 바를수록 체내의 순환도 좋아진다. 몸의 기운이 잘 흐르면 건강운은 물론이고 재물운도 함께 따라온다.

7. 행동으로 옮겨라.

아무리 좋은 계획과 좋은 운을 타고났다 하더라도 실천하지 않으면 무용지물이다. 운 좋은 사람들은 실패를 두려워하지 않는다. 실패를 두려워하기 때문에 운이 안 좋다. 행할 일에 철저히 연습하고 준비하면 믿음이 생기게 된다. 그 믿음의 힘과 노력이 더해질 때 운기가 뚫린다. 행동하라. 실패는 없다. 다만 연습만 존재할 뿐이다. 실패는 당신을 성공의 달인으로 만드는 힘이다. 확고한 믿음이 섰다면 이젠 행동하라.

8. 다만 맡기고 흘러가라.

운 좋은 사람은 명확한 목표를 가지고 다만 흘러간다. 그리고 끊임없이 도전한다. 그리고 또다시 흘러간다. 정해졌다면 최선을 다하고 그 최선을 다한 일에는 미련 갖지 마라. 다만 중간에 계획은 바뀔 수도 있다. 그 또한 받아들여라. 세상 모든 물을 받아들이는 바다처럼 내 인생의 어떠한 역경도 받아주리라는 마음으로 상황을 대하라. 모든 것은 원인에 말미암아 일어나고 조건에 의해 변하니, 바뀜을 인정하고 다만 인연에 맡기고 거침없이 흘러가라.

9. 남의 훈수에 신경 쓰지 마라.

남은 내 삶을 살아줄 수 없다. 훈수에 신경 끄라. 남은 내가 잘되길 원하지 않을 수도 있다. 내 신념과 관점이 바르고 자신 있다면 그것에 믿음을 가져라. 내 인생이다. 내 삶이다. 부모도 자식도 배우자도 그 누구도 내 삶을 대신 살아줄 수 없다. 그 어떠한 비난에도 움직이지 마라. 좋은 충고는 감사하게 받아들여라. 말도 안 되는 충고는 물 속에 던져버려라. 비난과 조롱, 시기, 질투에 흔들리지 마라. 자신의 길을 가라. 그 어떤 말에도 오염되지 마라.

10. 지금 이 순간에 몰입하라.

운은 현존하는 사람의 것이다. 지금 이 순간에 살지 않으면 운은 달아난다. 과거의 걱정 속에 아직 헤매는가? 미래의 두려움 속에 여전히 잠 못 드는가? 운이 터지는 사람들은 과거와 미래에 신경 쓰지 않는다. 예상치 못한 미래에는 더더욱 관심조차 없다. 오로지 지금 이 순간 내가 무엇을 할 것인가. 지금 이 순간 나의 행복과 만족을 위해 무엇을 실천해 나갈 것인가에만 관심 있다. 과거나 미래에 집착하는 것으로 괴로움이 시작된다. 지금 이 순간에, 오로지 몰입하고 집중해 나아가라. 그러면 모든 면에서 잘 풀리기 시작한다.

11. 흉터는 치유의 증거다.

운이 좋은 사람에게는 상처가 없다. 후회도 없다. 모든 고난과 실패는 그저 지금의 나를 위한 전주곡이다. 참을 수 없을 만큼 아프더라도 이 순간을 극복하고 이겨내면 곧 좋은 날이 기다린다는 것을 분명히 안다. 그 상처가 큰 흉터를 만들어내도 그건 상처의 흔적이 아니라 치유의 증거임을 확신한다. 모든 걸림돌은 결국 모든 디딤돌이다.

12. 사람이 곧 운의 핵심체다.

사람은 사람 속에서 살아간다. 인간은 인간의 무리 속에서 서로 인연 관계와 소통을 통해 살아가야 건강하게 오래 살 수 있다. 운을 다른 곳에서 찾지 마라. 사람이 곧 운의 핵심체다. 가정이든 일터이든 사람이 곧 운을 불러온다. 배우자에게 자녀에게 직장 동료들에게 배려하지 않고 잘못하는 언행들은 내 운을 내가 발로 걷어차는 것이다. 주변에 있는 인연들을 배려하고 존중하는 마음을 내면 그 기운은 다시 나에게 되돌아온다. 그리고 나의 운을 급부상시킨다.

13. "나는 운이 좋은 사람이다"라고 말한다.

말에는 큰 힘이 숨어 있다. 왜 옛말에 "말 한 마디로 천 냥 빚을 갚는다"고 했겠는가? 오늘부터 시간 날 때마다 "운이 좋다"

라고 확언하자. 우주의 대운은 당신의 그 믿음 찬 확언을 기다리고 있다. '오늘 운이 안 좋은데요'라고 반문할 수도 있다. 생각을 바꾸라. 이 지구상에는 2초에 한 명씩 죽어간다. 당신은 지금 죽었는가, 살아 있는가? 이것이 행운이 아니고 무엇이 행운이겠는가. 지금 이 순간 운에 대한 믿음과 운에 대한 감사함을 가지면 그 이후가 좋다. 당신은 분명 운이 참 좋은 사람이다. 3억 개의 정자 중 유일하게 성공한, 이 세상에 단 하나뿐인 존재. 그 행운의 존재, 기적의 존재가 바로 당신임을 잊지 않아야 한다.

14. '때문에'가 아니라 '덕분에'

운이 안 좋은 사람은 모든 걸 "○○ 때문에"라고 말하는 반면, 운이 좋은 사람은 "○○ 덕분에"라고 말한다. 그러나 무엇보다 중요한 것은 행운도 불행도 다 인연으로 말미암아 일어나는 인과라고 보는 것이다. 운은 인연의 과보일 뿐이다. 최선을 다하되 결과는 그저 하늘에 맡겨라. 이것이 바로 받아들임이다. 모든 것을 내려놓고 모든 것을 받아들일 때 나에게 찾아올 대운도 받아들일 수 있다.

15. 매사에 평온하라.

들떠 있는 마음은 몸과 마음의 균형을 깨트린다. 긴장된 호흡은 심신을 피로하게 하는 원인이 된다. 깊고 평온한 호흡과 마음의 안정은 강력한 운을 끌어오는 힘이 된다. 운이 좋아지지 않는 사람의 대부분은 마음이 불안하다는 공통점이 있다. 짧은 시간이라도 명상을 통해 평온한 마음 상태를 유지하고 심호흡을 통해 심신의 안정을 유지하라. 평온함과 안정감이 있는 사람에게는 끊임없이 좋은 일이 생긴다. 평온하고 안정감이 있는 사람에게는 항상 좋은 인연이 머문다. 스스로 강력한 행운의 자석이되는 비밀, 그것이 바로 평온함이다.

●

나는 운이 좋다
나는 운이 좋은 사람이다
나는 뭘 해도 운이 따른다
나는 오늘 하루도 최고의 운으로 시작한다
나는 오늘도 충분히 운이 좋다
나는 행운을 부르는 사람이다

예상치 못한 큰 행운이 나에게 찾아온다
오늘은 나의 행운의 첫날이다
오늘도 만족하고 감사한 마음이 나의 운을 좋게 한다
모든 행운이 지금 내 앞에 있다
세상 모든 행운이 나를 알아보고 있다
이 모든 행운의 주인은 바로 나다

나는 이 행운을 마음껏 누린다
나는 행운의 주인공이다
나의 운은 알아서 좋아진다

●

자고 일어나면 운이 점점 더 좋아진다
나의 금전운은 점점 더 좋아진다
나의 건강운도 점점 더 좋아진다
나의 가족운도 점점 더 좋아진다

운이 좋은 나는 모든 일이 잘된다
운이 좋은 나는 모든 인연이 편안하다
운이 좋은 나는 행운 속에 항상 존재한다
운이 좋은 나는 행운의 여신이 나를 돕는다

나의 운이 점점 좋아짐에 감사합니다
나의 운에 감사합니다
나의 운 덕분입니다

7일

때는
반드시
온다

낚싯바늘 없이 고기를 낚는 강태공처럼

《육도六韜》에 중국 고대 주 왕조의 기틀을 마련한 문왕과 명재상 강태공에 대한 일화가 나온다. 때는 바야흐로 기원전 12세기, 중국 주 왕조의 문왕은 사냥을 가기 위해 준비 중이었다. 그때 문왕을 보좌하며 운과 때를 봐주던 점술가가 왕에게 말했다.

"이번 사냥에서 잡는 것은 용도 아니고 이무기도 아닙니다."

"허허, 그럼 호랑이라도 잡을 수 있겠는가?"

"왕이시여, 호랑이도 아니고 곰도 아닙니다. 이번 사냥에서는 임금님을 평생 보좌하며 큰 지혜를 조언할 충신을 얻게 될 것입니다."

"흠, 그래?"

"네, 장차 임금에 버금가는 위치에 오를 인재를 만나게 될 것입니다. 이는 하늘에서 폐하께 스승을 보내시어 보좌토록 하신 것이니, 이 나라를 3대에 걸쳐 돕게 될 것입니다."

좋은 점괘에 기분이 좋아진 문왕은 부하들과 함께 바로 사냥길에 나섰다. 하지만 이날 따라 잡히는 것이 아무것도 없었다. 그러는 사이 문왕 일행은 중국 황하강 극진(棘津)이라는 나루터에서 잠시 멈춰 섰다. 아침부터 움직여 피곤했던 문왕은 말과 부하들을 쉬게 할 요량으로 잠시 말에서 내려 강을 내려다봤다,

그런데 저 멀리 한 노인이 홀로 강가에 앉아서 낚싯줄을 던지고 있었다. 문왕은 첫눈에 노인이 비범한 사람임을 직감했다.

"마을 사람에게 물어, 저 노인의 이름이 무엇인지 알아오너라."

잠시 후 신하가 다가와 왕에게 말했다.

"이 마을에서 '강태공'이라고 불리는 늙은이라고 하옵니다."

문왕은 노인 곁으로 다가가 정중히 인사를 건넸다.

"고기는 많이 잡았소? 낚시를 즐겨 하시는가 봅니다."

잠시 조용히 있던 노인은 천천히 입을 열었다.

"낚싯바늘이 없는데 고기가 잡힐 리가 있겠습니까? 무슨 일을 할 때 군자는 그 뜻이 이루어지는 것을 즐기지만, 소인배는 일의 결과와 어떤 이익이 생기는 것만을 좋아합니다. 이 늙은이가 지금 낚시하는 이유는 고기를 낚는 것이 아닙니다."

"그럼 지금 낚시 말고 무엇을 하고 있는 것이오?"

"낚시에는 세 가지의 이치가 숨어 있습니다. 첫째는 미끼로 고기를 낚는 것인데, 이는 녹봉을 주어 인재를 취하는 것과 같습니다. 둘째는 좋은 먹이라야 더욱 큰 고기를 낚을 수 있는 법인데, 인재에게 녹봉을 많이 주면 줄수록 자신의 목숨을 아끼지 않는 충성스러운 신하가 나오는 이치와 같습니다. 마지막으로 물고기는 크기에 따라 요리법이 다른데 이는 인재의 성품과 됨됨이에 따라 벼슬을 달리 맡기는 이치와 같습니다."

이 말에 감탄한 문왕이 다시 물었다.

"그 낚시 비법의 숨은 이치를 좀 더 자세히 설명해주시겠소?"

"샘은 근원이 깊을수록 물이 많아 쉼 없이 흐르는 법이고, 물이 쉼 없이 흘러내리는 곳에는 늘 물고기가 사는 법입니다. 또한 뿌리 깊은 나무는 크게 성장하고, 열매도 풍성합니다. 낚시도 마찬가지입니다. 낚싯줄이 가늘고 미끼가 작으면 작은 물고기가 잡히고 낚싯줄이 굵고 미끼가 크면 당연히 큰 물고기가 걸릴 것입니다. 이는 자연의 이치이지만 군주와 신하의 관계도 같습니다. 사람도 진실로 대하고 대우를 잘 해주면 인재가 모여들기 마련이고 깊은 감사한 마음으로 인재를 대하면 천하를 얻을 수 있습니다. 하지만 인재를 소홀히 대하면 곧 주변에 좋은 사람이 다 떠나게 되니 이는 물이 더러우면 물고기가 다른 곳으로 가버리는 이치입니다."

강태공의 말이 끝나자 비로소 문왕은 '점술가가 말한 인물이 이분이구나' 하는 생각에 내심 기뻤다. 하지만 기쁜 마음을 숨기고 다시 물었다,

"그럼 어떻게 하면 천하 백성의 민심을 얻을수 있겠소이까?"

강태공은 한 치의 머뭇거림도 없이 대답했다.

"천하는 군주의 것이 아니라 만백성의 것입니다. 만백성에게 천하의 이익을 나누는 군주는 백성을 따르게 할 수 있고, 그렇지 못하고 이익을 독점하려는 군주는 천하를 잃음이 당연할 것입니다. 하늘과 땅의 은혜를 천하 만민과 같이 나누는 군주에게는 늘 사람이 모이게 되고 어진 정치로 인해 군주의 덕이 널리 퍼져 민심 또한 군주를 받들게 됩니다. 백성들을 어려움의 물살 속에서 건져내는 것이 군주가 해야 할 덕목입니다."

강태공의 이 말을 들은 문왕은 자리에서 일어나 존경의 뜻으로 절을 두 번 했다.

"그 말씀이 하늘의 이치입니다. 당신은 하늘이 내게 내려준 분이니 어찌 하늘의 명을 거역할 수 있겠소?"

문왕은 강태공을 수레에 태워 바로 궁으로 돌아왔다. 그때부터 강태공은 문왕의 스승이 되었고 나라의 2인자인 재상이 되었다. 강태공은 문왕에 이어 그의 아들인 무왕까지 도와 천하를

평정하는 삶을 살았다.

그런데 일인지하 만인지상의 삶을 산 강태공도 문왕을 만나기 전까지는 매우 가난했다. 나루터에서 하는 일이라고는 독서와 낚시뿐이었으니 그럴 수밖에. 강태공이 낚은 것은 물고기가 아니라 사람이었다. 자신의 능력을 알아줄 사람, 그래서 자신의 뜻을 펼치게 도와줄 사람을 낚은 것이다. 그렇게 강태공은 오랜 시간을 기다려 마침내 빛나는 업적을 세울 때를 만나게 되었다.

이처럼 사람마다 꽃피우는 때가 다르다. '결정적인 순간'은 각기 다른 때에 찾아오는 법이다. 다른 이가 좋은 때를 만났다고 부러워하지 마라. 그게 정말 좋은 때인지 시간이 지나봐야 알 수 있다. 세상은 눈 감는 그 순간까지 알 수 없다. 그러니 때를 잘 타고났다고 들뜨지 마라. 너무 늦었다고 한탄하지도 마라.

나이에 지지 말고 세월에 변하지 않으며 돈 때문에 비굴해지지 말고, 성공 때문에 건강을 버리지 마라. 하루하루 감사한 마음으로 열정을 다해 살아가다 보면 앞날의 인생이 물 흐르듯 술술 풀리고 모든 일이 잘된다.

●

오늘은 나의 날이다
내일은 더 좋은 나의 때다

나는 오늘도 나를 잘 바라본다
나는 오늘도 나를 잘 지켜본다
나는 오늘도 나를 잘 받아들인다

나는 귀한 사람이다
내 안에는 인생을 해결할 자유 의지가 있다
나는 자신감으로 똘똘 뭉친 존재다

나는 이 세상에서 단 하나뿐인 소중한 존재다
나의 감정은 언제나 자유롭고 편안하다
나는 나의 감정을 자유롭게 표현한다
나는 사랑과 자신감으로 가득 차 있다
나는 남과 비교하지 않는다
나는 누구와도 비교할 수 없는 온전한 존재다

●

어떤 상황에도 나는 나를 사랑한다
어떤 경우에도 나는 나를 아낀다
나는 내 자신을 진정으로 받아들인다
사랑은 다른 곳이 아닌 바로 나의 내면에서 나온다

나는 소중한 존재다
나의 자존감은 날마다 상승된다
나는 진정 소중하고 귀한 존재다

오늘은 소중한 나의 날이다
지금 이 순간 나를 위한 때가 시작된다
지금이 바로 나의 날이다
오늘이 바로 그날이다

Week 2

두 번째 주

감사하면 할수록
좋은 일이
생긴다

운이 좋아지는 첫 시작은,
감사하는 마음입니다.
세상에 불평하고
마음이 불편하면
찾아올 운도 도망갑니다.
매 순간 감사하는 마음가짐이
바로 막힌 운을 푸는 열쇠입니다.

8일

바라기 전에
먼저
감사하라

감사하면 좋은 일이 구름처럼 몰려온다

한 TV 프로그램에서 최악의 췌장암을 이기고 완치된 한 남성이 소개되었다. 그는 자신이 암을 극복한 비결 중 가장 핵심적인 내용이 바로 투병 중에도 항상 감사하는 마음을 가진 것이라고 밝혔다. 그는 성격이 급하고 다혈질이라 발병 후에도 끊임없이 자신을 더욱 괴롭혔고 자신에게 일어난 모든 일들에 대해 원망스러웠다. 하지만 어디선가 암이 가장 싫어하는 것이 바로 '감사한 마음'이라는 말을 들은 후 반신반의하며 매일 사소한 일에도 감사한 마음을 가지려 노력했다. 처음에는 잘되지 않았지만 계속 반복하며 실천했다.

암을 알게 되어 감사합니다.

병원 진료를 받을 수 있음에 감사합니다.

가족이 있어서 감사합니다.

약을 먹을 수 있음에 감사합니다.

살아 있어서 감사합니다.

매 순간마다 그는 '감사합니다'라고 반복해서 말했으며 시간이 흐른 후 마침내 완치 판정을 받았다.

수술 없이 간암을 이겨낸 또 다른 남성이 밝힌 암 치유 비결도 이와 비슷했다. 그는 매일 입꼬리를 올리며 웃었고, 암이 싫어하는 자연식 음식을 먹었고, 빨리 치료하겠다는 조급한 마음을 내려놓고 꾸준히 치료를 받았다. 그 또한 가장 중요하게 생각한 것이 바로 모든 순간에 감사한 마음을 가지는 것이었다. 그는 자신의 암 치유 극복법을 '바보 요법'이라 불렀다고 한다.

"약을 먹을 때도 감사하고 치료제에도 뽀뽀하며 감사하다고 말했어요. 모든 일에 감사하고 항상 입꼬리 올리고 기쁘게 살기로 마음먹었죠. 입으로는 노래를 항상 흥얼거리고, 흥이 나면 춤도 추고 절대 부정적인 생각을 안 했어요. 누가 보면 바보 같다고 했을 겁니다."

당신은 감사하고 있는가. 지금 이 순간 얼마나 감사한 마음을 내며 살고 있는가? 삶의 길목마다 우린 감사의 씨앗을 뿌려야 한다. 그 감사의 꽃이 필 때면 우리의 인생 또한 감사의 열매를 맺을 것이다.

땡볕을 걷는 나그네에게 나무 그늘은 얼마나 감사한 존재인가.

밤길은 헤매는 나그네에게 달빛은 얼마나 감사한 존재인가.

목이 마른 나그네에게 시원한 물 한 모금은 얼마나 감사한 존재인가.

허기진 나그네에게 빵 한 조각은 얼마나 감사한 존재인가.

자갈길을 걷는 나그네에게 신발 한 짝은 얼마나 감사한 존재인가.

병마와 싸우는 나그네에게 건강한 하루는 얼마나 감사한 날들인가.

시한부 인생을 사는 나그네에게 1분 1초가 얼마나 감사한 날들인가.

그래도 감사할 것이 없는가?

우리는 감사한 마음을 내는 것에 인색하다. 매 순간 돌아보면 감사할 일이 너무나도 많지만 좀처럼 내지 못하는 감사한 마음. 그러나 감사할 것을 찾아보면 수없이 감사할 것들이 있다. 숨

쉴 공기에 감사하고 마실 물에 감사하고 움직일 수 있는 몸에 감사하다. 세상을 볼 수 있는 데 감사하고 오감을 느낄 수 있는 데 감사하다. 이 소중한 날들에 참 고맙고 감사하다. 내가 만나고 함께하는 수없이 많은 존재, 세상에 존재하는 모든 것만으로도 이 인생 자체가 감사함이다. 그런데 우리는 지금 이 순간 얼마나 감사하고 있는가. 나에게 감사하고 좋은 일이 찾아오길 바란다면 다른 이에게 먼저 감사하고 좋은 마음을 내라. '당신이 존재해줘서 고마워요'라고 마음속으로 속삭여보라. 그런 마음이 어색하다면 그 마음을 내보지 않아서다. 늘 옆에 있던 존재에게도 진정 감사한 마음을 가지면 그 존재가 내 삶의 큰 복을 부르는 복덩이로 바뀐다. 남에게 한 것은 결국 나에게 돌아오기 마련이다. 내가 다른 사람들의 마음 밭에 감사와 희망의 씨앗을 뿌리면 그 씨앗의 열매는 곧 나에게 되돌아온다.

사람을 만나서 대화할 때 "당신이 존재해줘서 고맙습니다"라고 마음속으로 읊으며 시작하라. "당신을 만난 이 순간이 희망입니다"라고 마음속으로 말하면서 대화하라. 그런 마음이 들지 않는다면 그런 마음을 내보지 않아서다. 마음을 내면 마음이 생긴다.

뭔가가 주어지고 원하는 것을 받아서 감사한 게 아니라 이미 내가 갖고 있는 것을 인정하고 감사하는 기도가 기적을 부른다. 늘 당연하게 가지고 있던 것도 진심으로 감사하면 더 큰 기적을 불러온다. 늘 옆에 있던 존재에게도 진정 감사한 마음을 가지면 더 큰 복이 내 삶에 찾아온다. 속상하고 힘든 일이 생기더라도 그 안에서 감사한 부분을 보고 말하면 기적처럼 그 괴로운 일들이 흘러간다.

기적이 일어나서 감사한 게 아니라 감사한 마음이 기적을 부른다. 지금 불만과 괴로움이 있다면 지금 이 순간부터 감사한 마음을 가져보자. 감사한 마음은 인생을 바꾸는 시작이다. 오늘 하루도 감사하고 모든 순간에 긍정적인 마음을 내며 하루하루를 살아가자. 매일매일 기적같이 놀라워하고 감사하며 살아가자.

이제 오늘부터 숨쉴 때마다 감사한 마음을 내자. 걸어다닐 때마다 한 걸음 한 걸음에 감사한 마음을 내자. 내가 만나는 모든 존재와 상황에 감사한 마음을 내자. 또한 나와 인연이 된 모든 존재들, 만나고 스쳐지나간 모든 존재들에게도 감사한 마음을 내자. 타인에 대해 감사하는 마음은 또 다른 감사한 존재들을 불러들이는 방법이다. 다른 사람에게 좋은 일이 곧 나의 좋은 일이다. 그 덕분에 나에게도 좋은 기운이 찾아오고 좋은 일이 생긴다. 남이 잘될 수 있도록 진정으로 빌어주라. 타인을 향한 기도는 나에게도 좋은 일이 구름같이 몰려오는 참된 기도다.

●

나는 감사합니다
나는 매 순간 감사합니다
모든 것에 감사합니다
나는 항상 감사합니다

나무 그늘에 감사합니다
달빛에 감사합니다
햇볕에 감사합니다
바람에 감사합니다

물 한 모금에 감사합니다
빵 한 조각에 감사합니다
숨 한 호흡에 감사합니다

●

세상을 볼 수 있음에 감사합니다
소리를 들을 수 있음에 감사합니다
몸을 움직일 수 있음에 감사합니다
냄새를 맡을 수 있음에 감사합니다
맛을 볼 수 있음에 감사합니다

오늘 하루에 감사합니다
매 순간 감사합니다
존재할 수 있음에 감사합니다

감사합니다
감사합니다
감사합니다

불운에
절망하지 말고
행운에
자만하지 마라

화가 복이 되고 복이 화가 되는 인생

화무백일홍 인무천일호(花無百日紅 人無千日好)

꽃은 백 일 붉은 것이 없고, 사람은 천 일을 한결같이 좋을 수 없다.

영원할 것 같은 젊음도 지나고 보면 다 한때이고, 아름다운 꽃도 지고 나면 땅바닥에 뒹구는 쓰레기에 불과한 게 자연의 섭리다. 힘없고 볼품없어 보이는 늙은이에게도 젊은 날의 빛나는 청춘은 있었다. 젊은이들은 늙은이들의 귀한 경험을 존경하고 이를 거울삼아 겸손하게 살아간다면 큰 우환은 피할 수 있을 것이다.

현재만 두고 보면 이 힘든 상황과 고민이 내게 불행인 것처럼 보여도, 멀리 두고 보면 내게 유익(有益)이 되고, 도움이 되고, 선(善)이 될 수 있다. 그러므로 어떠한 불행한 일이 있더라도 끊임없이 노력하고 흘려보내는 여유로움을 가지고 살아가다 보면 불행은 반드시 행복으로 바꿀 수 있다.

《사기史記》에 나온 이야기다. 기원전 4세기 말 전국시대, 당시 중국의 지리적, 문화적 중심부는 황하 유역의 중원(中原)이었다. 이 중원과 한참 벗어난 위치에서 시골 변두리 취급당하던 진(秦)나라가 개혁을 거듭했다. 그리고 국력을 키워 중원을 도모하려 했다.

진나라 근처에 있던 한나라, 위나라, 조나라, 연나라, 제나라, 초나라, 이 6개 나라는 진나라의 야욕을 막기 위해 서로 힘을 합치기로 했다. 그런데 6국 중 동쪽의 제나라가 갑자기 조약을 깨고, 북방 연나라를 공략하여 성을 10개나 빼앗아버렸다.

이때 합종 맹약을 제안해 6국의 재상이 된 불세출의 외교 전략가 소진(蘇秦)이 조약을 깬 제나라에 가서 왕에게 제안했다.

"제나라의 왕이시여. 연나라에게 빼앗은 10개의 성을 아무 조건 없이 되돌려준다면, 연나라는 빼앗긴 성들을 다시 공짜로 얻은 기분이 들 것입니다. 그리고 항상 경계해야 할 진나라는 자국을 의식해서 되돌려줬다고 생각할 것입니다(당시 연나라 왕은 진나라 왕의 사위였음). 또한 제나라 왕의 자비와 베풂을 보고 대국임을 알고 함부로 침범하지 못할 것입니다.

함락한 10개의 성을 다시 되돌려 줌으로써 그동안 사이가 나빴던 연나라는 제나라 왕에게 충성할 것이고 진나라 또한 왕의 큰마음에 존경을 표하게 될 것입니다. 옛말에 일을 잘 처리하는 지혜로운 자는 화를 복이 되게 하고(轉禍爲福) 실패를 공이 되게 한다(因敗爲功)고 하였습니다."

전화위복(轉禍爲福)
화가 바뀌어 오히려 복이 된다.
인패위공(因敗爲功)
실패를 교훈 삼아 성공을 만들어낸다.

세상일은 알 수가 없다. 그 변화가 너무 깊어 감히 예측할 수가 없다. 인생만사는 복(福)이 화(禍)가 되고, 화(禍)가 복(福)이 된다. 돈 많다고 너무 자랑 말고, 권력 있다고 너무 으스대지 말아야 한다. 실패가 오히려 성공이 되고 성공이 화를 부르기도 하니, 잘된다고 자만하지 말고 안 된다고 비굴할 필요도 없다. 특히 실패하거나 나쁜 일이 생기면 세상이 끝난 것처럼 절망하는 사람이 많다. 그러나 화가 바뀌어 복이 될 수 있다는 걸 기억하

자. 지금 불행이라고 생각한 것이 언제든 행복으로 바뀔 수 있다는 걸 기억하자.

그러므로 어떠한 상황에도 긍정적인 마음을 가져야 한다. 그런데 많은 사람이 '나는 왜 이렇게 운이 없을까?'라고 생각하며 산다. 이런 마음은 같은 극의 자석처럼 오는 운을 밀어낸다. 설사 좋은 운이 오더라도 그것을 눈치채지 못한다. 나는 운이 나쁜 것으로 이미 정해놓았기 때문이다.

이를 바꾸기 위해 좋은 운을 끌어당기는 세 가지 방법이 있다.

첫 번째는 "만족하라"는 것이다. 그래야 운이 나에게 온다. 만족하지 않는 사람에게는 절대 운이 오지 않고, 운이 오더라도 금방 사라진다. '운이 좋아서 만족한다'가 아니라 '만족하면 운이 온다'가 정답이다. 이것을 우리는 거꾸로 착각하며 살아가고 있다.

두 번째는 "나는 운이 좋다"라는 믿음이다. 내가 저런 부모를 만났는데, 돈이 없어 궁상맞은데, 취업이 안 되는데, 직장에서 잘렸는데, 결혼에 실패했는데, 내가 어떻게 운이 좋은 존재인가? 언제까지 불평만 할 것인가? 앞서 말했듯이 화가 복이 되고 복이 화가 되는 법이다. 실패 속에서는 반드시 배운 게 있다. 인생의 실패가 아니다. 연습이다. 결코 그것이 끝이 아니다. 알아차리자. 매 순간 나는 운이 좋은 존재임을 믿고 또 믿어보자.

세 번째는 "평온을 유지하라"는 것이다. 내 마음이 평온하면 주변도 평온하다. 마음이 평온하면 일도 잘된다. 마음이 평온하면 운도 술술 풀린다. 팔만대장경을 다섯 글자로 줄이면 '일체유심조(一切唯心造)'라고 하지 않는가? 단 한 글자로 줄이면 '마음 심(心)'이라고 하지 않던가?

　모든 것은 오로지 마음이 지어 내는 것이다. 모든 시작은 나의 마음에서 출발하고 그다음 세상으로 흘러간다. 내가 시작이다. 내 마음이 운의 마중물이다. 내 마음의 힘을 믿으라. 지금 내 마음을 평온하게 하라. 마음의 평온은 세상의 모든 운이 들어오는 입구다. 불만을 가지고 욕심을 부리면 자꾸 불안한 기운이 몰려온다. 살아 있는 것 자체가 행운이다. 밥 굶지 않아서 행운이다. 전쟁나지 않아서 행운이다. 아프면 병원 갈 수 있어서 행운이다. 매사가 행운 덩어리다. 내가 바로 행운 덩어리다. 작은 평화를 발견하라. 큰 평화가 찾아온다. 일터에도 가정에도 평화가 찾아온다. 불안해하지 마라. 마음이 불안하면 오던 복도 도망간다. 이제 다 내려놓고 지금 그대로 평온하라.

●

감사하며 살아라
네
감사하며 살겠습니다

기뻐하며 살아라
네
기뻐하며 살겠습니다

용서하며 살아라
네
용서하며 살겠습니다

나누며 살아라
네
나누며 살겠습니다

배려하며 살아라
네
배려하며 살겠습니다

●

축복하며 살아라
네
축복하며 살겠습니다

평온하게 살아라
네
평온하게 살겠습니다

사랑하며 살아라
네
사랑하며 살겠습니다

웃으며 살아라
네
웃으며 살겠습니다

희망을 보며 살아라
네
희망을 보며 살겠습니다

잘했고
잘하고 있고
잘될 것이다

자신을 아끼고 자신을 보살펴라

군이 무얼 보여주려 하지 마라. 당신의 삶은 당신에게 큰 무언가를 바라지 않는다. 다만 당신이 평온해지길 바란다. 어딘가에서 무엇이 있을 거라 착각 마라. 내 마음 안에 모든 비밀이 있다. 잃어버린 무언가를 되찾으려 하지 마라. 모든 것을 간직하고 있는 온전한 존재가 나다. 더 이상 헛되이 세월을 보내지 마라. 당신 안에 머물고 잠들어 있는 무한한 본성에게 말을 걸어라. 그리고 말하라.

고맙다고, 참 감사하다고,
여태까지 참 잘 해왔다고,

참 애썼다고,

참 수고했다고,

그래

그것으로 됐다.

아물지 못해 숨기려고만 했던 당신의 상처들에게 이제는 말할 때다. 참 수고했다고, 참 고생했다고, 살아내느라 참 애썼다고. 그동안 많이도 애썼다. 괜찮은 척하느라 애썼고, 버텨내느라 애썼다. 나이가 들어갈수록 쉽지 않은 게 인생이더라. 어른이 되면 쉬울 거 같았는데 더 어렵다는 것을 알게 되었다. 나잇값 하기 위해 힘들다 말 한 마디 못하고 억지로 참아내느라 참 애썼다. 힘내라는 말이 위로가 되지 않음에도 불구하고 그래도 살아내느라 애썼다.

그렇게 스스로에게 말을 건네면 좋겠다. 난 오늘 참 수고했다고, 잘했다고. 가끔 화가 나고 욱하는 마음이 올라와도 알아차렸다고, 남보다 더 잘되고 싶은 마음 조금 내려놓고 그래도 마음을 조금 비웠다고, 잠시 쉬었지만 또 시작하면 된다고, 마음을 담아 이야기했으면 좋겠다.

잘하고 있다고 말해주는 이 없어도 당신은 분명히 잘하고 있다. 가끔 덜컹거리고 우당탕 소리가 나도 나름 잘하고 있다고 스스로에게 격려해줘라. 살아가며 불안하지 않은 사람 어디 있던가. 인생살이 걱정 없이 사는 이 누가 있던가. 모두 거기서 거기다. 넘어져도 괜찮다. 두 번 넘어져도 괜찮다. 잠시 쉬었다 다시 일어나면 된다.

당신은 지금 지구에서 중심을 잡는 연습을 하고 있다. 끝없이 펼쳐진 거친 광야에서 넘어지고 일어나는 연습을 되풀이하고 있다. 잘 보이려 하지 마라. 굳이 무언가 보여주려 하지 않아도 된다. 눈에 보이는 것이 다가 아니다. 눈에 보이지 않는 것이 더 중요하다. 잘하고 있다. 잘되어 가고 있다. 당신은 잘 해나갈 것이고 곧 잘 도착할 것이다. 더 이상 의심하지 마라.

믿고 나아가라. 가다가다 보면 어느 순간 들릴 것이다.

잘했고, 잘하고 있고, 잘될 것이다.

잘 들리지 않는가.
혹여나 안 들린다면 지금 스스로에게 말해줘라.

잘했고, 잘하고 있고, 잘될 것이다.

만일 보살피고 안아주고 챙겨주었는데도 계속 이유 없이 좋지 않다면 나에게 다음 네 가지 질문을 해보자.

1. _____, 요즘 밥은 잘 챙겨 먹고 있니?
2. _____, 요즘 잠은 잘 자고 있니?
3. _____, 요즘 운동은 좀 하고 있니?
4. _____, 요즘 명상은 매일 하고 있니?

질 높은 행복한 삶의 조건은 몸과 정신에서 비롯된다. 몸은 멀쩡하고 병원에 가도 이상이 없는데 이유 없이 기분이 안 좋고 무기력하고 우울하다면 내 마음의 컨디션이 좋지 않은 경우가 대부분이다. 인간의 신체와 정신은 서로 긴밀하게 연결되어 있다. 몸의 컨디션은 감정에, 또한 감정은 몸에 큰 영향을 미친다.

우리의 기분, 감정은 몸의 모든 신호 하나하나에 반응한다. 먹는 음식, 수면의 질, 연령대별 호르몬의 변화, 이 모든 것이 몸과 마음의 컨디션을 좌지우지한다. 아무리 피곤하더라도 하룻밤 숙면을 통해 일어나면 회복되기도 하고, 회사에서 좋지 않은 일이 있으면 건강하던 몸도 출근할 때 갑자기 기운이 빠지고 힘들어진다. 그 상태에서 퇴근하다 보면 인생에 회의감까지 들고, 그렇게 집에 도착하면 배우자와 자녀들에게 그 영향이 전달된다. 말투가 날카로워진다. 행동이 과격해진다. 의욕이 떨어진다. 이 모든 상황을 극복할 수 있는 방법은 무엇일까? 그렇다. 모두 다 나에게서 시작된 감정과 느낌이다. 나의 감정, 생각 하나로 온 세상을 물들이지 말자. 이 감정은 반드시 사라진다. 무상하다. 그 감정이 영원하지 않다는 뜻이다. 지속되지 않는다. 무상(無常)이란 '허무하다, 덧없다'는 말이 아니다. 매 순간 변화 속에 있다는 의미다. 세상의 모든 것은 고정된 것, 영원한 것이 없다. 죽을 듯 아픈 고통도 괴로움도 결국에 변화하고 사라진다. 변할 감정에 너무 마음 쓰지 마라. 단지 알아차려라. 수많은 감정과 느낌, 현실 속에 매 순간 알아차리고 지금 꽉 쥐고 놓지 못하는 근심, 걱정, 욕심, 괴로움은 결국 무상하다는 진리를 기억해야 한다.

스스로에게 말하자. 나야, 오늘부터 과거, 미래에 살지 말자. 지금 이 순간에 존재하자. 충분히 잘하고 있다. 충분히 잘 해내고 있다.

오늘의 필사

나는 지금까지 잘했다
나는 지금도 잘하고 있다
나는 앞으로도 잘될 것이다

참 애썼다 그래 참 애썼다
그것으로 됐다

그럼에도 감사하다
그럴수록 감사하다
그것까지 감사하다
난 오늘도 참 잘 해냈고
내일도 잘 해낼 수 있다

잘하고 있다
그래 잘 해내고 있다
완벽하지 않더라도 지금 잘 해내고 있다
더 잘할 수 있다
불안해하지 마라
흔들리지 마라

잘하고 있다
잘되어가고 있다
나는, 잘 나아갈 것이고
잘 해결할 것이고
잘 풀릴 것이고
잘 이겨낼 것이다

잘했고 잘하고 있고 잘될 것이다
잘했고 잘하고 있고 잘될 것이다
잘했고 잘하고 있고 잘될 것이다

나는 충분히 잘했고 잘하고 있고 잘될 것이다
나는 충분히 잘했고 잘하고 있고 잘될 것이다
나는 충분히 잘했고 잘하고 있고 잘될 것이다

감사의
복리 효과를
누려라

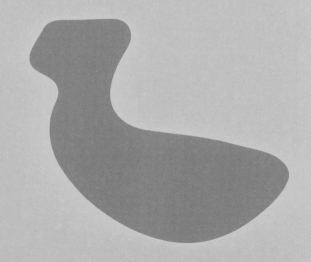

감사하면 더 감사할 일이 생긴다

일본에서는 내셔널, 파나소닉 등을 거느린 글로벌 가전업체 마쓰시타전기의 창업자 마쓰시타 고노스케를 '경영의 신(神)'이라고 부른다. 하지만 그의 인생살이의 시작은 참으로 고달프고 불운했다. 본래 유복한 가정환경이었으나 아버지의 파산으로 어린 시절부터 생업전선에 뛰어들어야만 했다. 결국 그는 소학교 4학년을 중퇴하고 오사카로 상경해 자전거 점포에서 심부름꾼으로 일했다. 남들 공부할 어린 나이에 낯선 타지에서 어머니가 보고 싶어 울면서 일하게 된 것이다. 그랬던 그가 후에 산하 570개 기업에 종업원 19만 명을 거느리는 세계적인 대기업을 키워냈다.

성공한 그에게 어느 날 한 직원이 물었다.

"회장님은 어떻게 이처럼 크게 성공할 수 있었습니까?"

"나는 하늘의 큰 복을 세 가지 타고 태어났네.

첫 번째는 가난,

두 번째는 허약한 몸,

세 번째는 못 배운 것.

이 세 가지 은혜를 받고 태어났다네."

그는 말을 이었다.

"나는 가난했기에 부지런히 일하지 않고는 잘살 수 없다는 진리를 깨달았네. 약하게 태어났기에 건강의 소중함을 일찍이 깨달아 건강에 늘 힘썼지. 겨울철에도 냉수마찰을 날마다 하며, 90세가 넘었어도 건강을 지키며 살고 있네. 또한 공부를 많이 하지 못했기에, 이 세상 모든 사람을 늘 나의 스승으로 받들고 있네. 참 많이 노력했지. 그래서 지금은 이렇게 많은 상식과 지식, 회사의 운영 능력도 얻었다네.

이렇게 불행한 환경이 나를 이만큼 성장시켜주기 위해 하늘이 준 시련이며 곧 나에게는 큰 복이라 생각하게 되었지. 지금도 항상 이 세 가지 복에 감사하며 살아가고 있다네."

또 한 기자가 마쓰시타 고노스케에게 그만의 경영 비결을 물었을 때 그는 웃으면서 말했다.

"나는 몸이 약합니다. 그래서 항상 건강에 주의를 기울입니다. 그러다 보니 나를 대신해서 일을 해주는 직원들 한 사람 한 사람에게 진심으로 감사하고 있습니다. 이들이 없으면 나는 사업을 할 수가 없기에 감사하는 마음으로 직원들에게 어떻게 하면 좀 더 행복한 삶을 살 수 있게 할 것인가, 이것에 대해서 늘 생각하고 아이디어를 모읍니다."

당시에는 직원들의 복지에 신경 쓰지 않는 회사가 부지기수였다. 이런 상황에서 마쓰시타 고노스케는 직원들에게 항상 감사하면서 회사를 운영했기에 놀라운 성과를 낼 수 있었고 '경영의 신'이라 칭송받을 수 있었던 것이다.

앞을 보지 못하고, 듣지도 못하고, 말할 수도 없었던 헬렌 켈러는 세계의 수많은 사람에게 작은 것에 감사하는 삶의 모범을 보여주었다. 그녀는 자주 이렇게 말했다.

"저는 받은 것이 너무 많아요. 못 받은 것이 무엇인지 생각할 겨를도 없어요. 매 순간 내가 받은 것에 감사하며 살아왔어요. 지금 저의 현재 상황과 제 삶의 모든 면에 감사해요."

세상에는 두 가지 사람이 있다. 감사하는 사람과 감사하지 않는 사람. 나는 지금 감사한가. 나는 지금 감사한 마음이 드는가. 지금 내 마음속에 감사한 마음이 있다면 그 마음은 곧 축복으로 가는 마음이다. 지금 내 마음속에 감사하지 않는 마음이 있다면 그 마음은 곧 불행으로 가는 마음이다.

감사하는 마음이 특별한 것은 아니다. 자세히 보라. 감사할 일투성이다. 매 순간 셀 수 없이 많은 감사한 일이 있다. 감사한 순간을 미처 깨닫지 못하는 것뿐이다. 수많은 감사함을 발견하며 살아가는 사람이 행복하고 성공한다. 단지, 지금 감사한 마음을 갖는 것만으로도 부정적이었던 마음이 긍정적인 마음으로 바뀐다. 지금 우리가 살아 있다는 건 정말 감사한 일이다.

지금 이 순간 감사하고 그 감사의 현실을 진심으로 감동하고 받아들이면 더 큰 감사의 열매를 맺게 된다. 인정하고 받아들이고 진심으로 하는 감사의 힘은 그냥 감사로 끝나는 것이 아니라 깊은 마음속에 머물러 감사의 순간을 재창조하고 선물한다. 감사의 작은 순간들이 쌓일 때마다 더욱더 많은 감사할 일들이 다가온다. 그래서 더 감사하게 된다. 지금 미소 지어보라. 입가에 작은 미소를 머금고 지내보라. 감사할 수 있는 마음은 감사할 일들을 끌어오는 마법이다. 이것이 바로 감사의 복리 효과다.

또한 감사하는 마음은 건강을 지키는 가장 큰 묘약이다. 매사에 감사하는 사람은 나이가 들어도 젊음의 기운이 가득하고, 감사하지 않는 사람은 나이가 젊다 하더라도 늙음의 기운이 가득해 매사가 피로해진다. 감사하는 마음의 크기만큼 행복의 마음도 커진다.

감사하는 마음은 자신의 인격을 드러내는 첫 인사다. 감사하는 자에게는 언제나 은혜로운 일이 가득하고, 감사하는 자는 어느 곳에서든 그 자리에서 주인이 된다. 감사하는 자는 실패를 해도 단지 연습이라 여기고, 감사하는 자는 성공을 해도 자만하지 않다. 감사하는 자는 모든 공을 다른 존재의 덕분이라며 지금까지 함께했던 모든 존재에게 그 공을 돌린다. 감사하는 자는 아주 작은 것에 감사하고, 그 감사함을 아주 가까운 곳에서 찾는다. 감사하는 자는 항상 즐겁고, 매 순간 기운이 넘치고 가는 곳마다 행운이 가득하다.

●

감사할수록 마음속에 사랑이 가득 찬다
감사할수록 마음속에 자비가 가득 찬다
감사할수록 마음속에 연민이 가득 찬다
감사할수록 마음속에 희망이 가득 찬다

감사합니다
이유 없이 감사합니다
조건 없이 감사합니다
어떠한 상황에도 감사합니다

비록 내가 기대했던 소망이 이뤄지지 않고
원하는 열매가 없고, 가진 것이 없다 할지라도
그래도 감사합니다

지금 내가 축복받지 못하는 이유가
단 하나 있다면 그것은
감사하는 마음이 없었기 때문입니다

지금 감사하면 감사한 일들이 생긴다
지금 감사하면 지금 운 좋은 일들이 생긴다
지금 감사하면 그 감사는 복리가 되어
내 인생에 큰 기적을 만들어준다

나는 작은 것에도 감사합니다
나는 부족한 것에도 감사합니다
나는 매 순간 주어진 모든 것에 감사합니다

감사하는 마음은 내 마음을 이롭게 만든다
감사하는 마음은 내 마음의 보석상자를 열게 한다
감사하는 마음은 내 마음속의 지혜를 키운다
감사하는 마음은 내 주변의 모든 이를 이롭게 한다

감사합니다
이유 없이 감사합니다
감사합니다

불행은
잘못 보낸 시간의
보복이다

인생이라는 선물에 감사하라

"오늘 나의 불행은 언젠가 잘못 보낸 시간의 보복이다."

프랑스의 황제 나폴레옹이 남긴 말이다. 현재 내가 겪고 있는 힘든 사정은 과거의 내가 잘못 살아온 대가라는 말일 것이다. 나에게 다가온 불행을 이처럼 잘 표현한 문장이 있을까? 몰라서 그 불행이 찾아왔다면 그것을 몰랐던 무지와 어리석음이 죄일 것이다. 그렇다면 현재의 시간이 과거의 시간에 보복당할 때까지 불행은 계속되어야 할까? 그렇지 않다. 과거의 잘못을 알고 내 행동을 바꾼다면 다가올 미래를 바꿀 수 있다. 이를 알려주는 일화 하나를 소개한다.

1848년부터 프랑스를 시작으로 유럽을 뒤흔든 혁명은 러시아까지 영향을 미쳤다. 당시 자유주의 지식인들은 문학 모임을 통해 서로 교류하며 의견을 나누었는데 새로운 정치에 대한 토론 역시 뜨거운 화두였다. 러시아의 황제였던 니콜라이 1세는 이러한 모임을 예의주시했다. 혹시나 러시아에서도 유럽 같은 혁명이 일어날까 봐 걱정스러웠고 그들이 괘씸했다. 그래서 황제는 의심스러운 지식인들을 치밀하게 감시하다가 빌미를 잡으면 그들을 체포하곤 했다.

1849년 12월, 그렇게 반체제 혐의로 체포된 이들의 처형이 세묘노프 광장에서 진행되려 하고 있었다. 한 장교가 앞으로 나와 그들의 죄명을 나열하며 총살을 선고했다. 불온한 모임에 참석한 죄로 유배형이 내려질 줄 알았던 28세의 청년은 갑작스러운 사형 선고에 머리가 멍해졌다. 마지막으로 신부에게 고해성사를 하고 죄수들의 머리에 두건이 덮여졌다. 청년은 겁에 질려 동료들이 앞으로 끌려가는 것을 보며 자신은 몇 번째로 처형당하는지를 세고 또 셌다. 장교가 다시 소리쳤다.

"이제 처형을 집행하겠소."

저편에서 군인들이 처형을 위해 대열을 이루는 움직임이 보였다. 청년은 죽음을 앞둔 이 현실이 그저 믿기지 않았다.

'만약 내가 죽지 않는다면, 만약 내가 살아남는다면, 인생의

단 1초도 소홀히 하지 않을 텐데…. 아, 이제 정말 끝이란 말인가!'

"전원 발사 준비!"

이제 발사 신호만이 남았다. 그때였다.

"형 집행을 멈추시오! 사형 대신 유배를 보내라는 황제의 명령이오!"

황제의 특사가 난입하며 기적처럼 사형 집행을 멈춘 것이다. 사실 황제는 혁명을 꿈꾸는 지식인들을 혼내주기 위해 종종 이런 쇼를 보여주곤 했다. 그러나 죽음의 문턱에서 돌아온 이 경험은 28세의 청년에게 크나큰 충격을 주었다.

시베리아로 유배 가게 된 청년은 중노동을 하면서도 마치 자신과의 약속을 지키려는 듯 끊임없이 글을 썼다. 직접 글쓰기를 할 환경이 아니었기 때문에 오로지 머릿속으로 쓰고 또 썼다.

그가 바로 러시아의 대문호, 실존주의 문학의 선구자 표도르 도스토옙스키다. 도스토옙스키는 평생 글쓰기를 쉬지 않았는데 그런 열정적인 창작 활동 속에서 불후의 명작들이 쏟아져 나왔다. 그가 쓴 작품들을 보면 평생을 집필을 쉬지 않았다고 할 수 있을 정도다.

1861년에는《상처받은 사람들》과《죽음의 집의 기록》을 써서 발표했다. 1864년에는《지하 생활자의 수기》를 썼다. 1866년 대작《죄와 벌》을 발표했다. 1867년 연말《백치》를 쓰기 시작해

1868년에 책으로 냈다. 1870년에는 《영원한 남편》을, 1871년에는 《악령》을 써서 발표했다. 1873년에는 《작가의 일기》를 연재했고, 1875년에는 《미성년》을 발표했다. 1877년부터는 《카라마조프 가의 형제들》을 쓰기 시작해 1880년에 1부를 완결했다. 아쉽게도 1881년에 그가 세상을 떠나며 이 대작은 미완성으로 남았다. 이 엄청난 작품 목록을 보면 죽음의 코앞에 섰던 그 경험이 그의 인생에 엄청난 영향을 끼친 것은 분명하다.

특히 도스토옙스키가 쓴 장편소설 《백치》에는 그의 자전적 경험이 투영된 대목이 나온다. 이 작품은 그가 가장 사랑하는 작품이라고 알려졌다.

나에게 생의 마지막 5분이 주어진다면 2분은 동지들과 작별하는 데, 2분은 삶을 돌아보는 데, 마지막 1분은 세상을 바라보는 데 쓰고 싶다. 언제나 이 세상에서 숨을 쉴 수 있는 시간은 단 5분뿐이다.

내가 지금 살아 있는 건 기적이다. 오늘이 마지막이라고 생각하면 하루하루가 감사하다. 누군가는 그토록 살고 싶었던 오늘이 나에게 주어졌다. 당신은 이렇게 귀중한 하루를 받을 자격이 되는가?

매일 밤 잠들기 전에 성찰해보라. 그리고 매일 아침 눈을 뜨면 선물같이 주어진 오늘에 감사하라. 그리고 충실히, 후회 없이 살아라. 그뿐이다.

우리에게 찾아왔던 소중한 날들
지난 그날들도 소중한 날이어서 감사합니다

우리에게 주어진 소중한 지금
오늘도 행복한 날이어서 감사합니다

우리에게 다가올 소중한 하루하루
내일도 귀하고 좋은 날이어서 감사합니다

내 삶에 찾아왔던 소중한 날들
그날들도 소중한 날이어서 감사합니다

내 삶에 주어진 소중한 지금
오늘도 행복한 날이어서 감사합니다

내 삶에 다가올 소중한 하루하루
내일도 귀하고 좋은 날이어서 감사합니다

우리네 인생에 찾아왔던 소중한 날들
그날들도 소중한 날이어서 감사합니다

우리네 인생에 주어진 소중한 지금
오늘도 행복한 날이어서 감사합니다

우리네 인생에 다가올 소중한 하루하루
내일도 귀하고 좋은 날이어서 감사합니다

지금 여기서 사랑합니다
지금 여기서 행복합니다
지금 여기서 희망입니다

고맙습니다
덕분입니다
축복입니다
사랑합니다
희망입니다

13일

가장 소중한 건
이미
가지고 있다

마음이 헛헛한 건 당신이 가진 것을 보지 못해서다

옛날 한 마을에 힘센 황소를 가진 어느 농부가 있었다. 그 황소가 어찌나 크고 힘이 좋던지, 마을 사람들은 모두 그 황소를 부러워했다. 농부는 이 황소를 자랑스럽게 여기며 "우리 집 황소만큼 큰 황소는 이 마을엔 없어. 힘도 아주 대단하지"라며 떠벌리곤 했다.

농부는 언제나 황소에게 좋은 여물을 먹이로 줬고, 언제 어디서나 함께 다니며 애지중지했다. 그날도 농부는 평소와 같이 일을 마치고 황소와 함께 집으로 돌아가기 위해 산길을 걷고 있었다. 그런데 농부 뒤로 수상한 두 명의 남자가 몰래 따라가는 게 아닌가. 한 남자가 옆의 남자에게 말했다.

"지금이 좋은 기회야. 오늘 꼭 저 황소를 빼앗고 말 거야."

"그런데 자네가 아무리 소매치기의 달인이라고는 하지만 저 물건은 너무 크지 않나."

두 명의 남자는 좀도둑들이었다.

"걱정은 붙들어 매고 자네는 저 바위 뒤에서 망이나 봐. 내가 저 소를 몰래 훔쳐 오겠네."

큰 소를 소매치기하겠다고 장담하는 그를 미덥지 않아 하며 다른 남자는 바위 뒤로 숨었다.

"뭐 두고 보면 알게 되겠지…."

먼저 소매치기는 농부가 가는 길 앞으로 잽싸게 가로질러 가서 시장에서 비싸게 산 새 가죽신 한 짝을 툭 떨어뜨려 놓았다. 아니나 다를까, 농부가 황소와 함께 산길을 계속 걸어가다가 새 가죽신 한 짝을 발견하고 얼른 집어 들었다.

"아, 참 아깝구나. 새 신인 듯한데…. 그래도 한 짝만 있으면 뭐 해. 아무 쓸모도 없는데."

농부는 아쉬워하면서 가죽신을 다시 놔두고 계속 집으로 향했다. 그런데 조금 더 걸어 숲길 모퉁이를 돌자 조금 전에 보았던 새 가죽신의 나머지 한 짝이 떨어져 있는 게 아닌가?

"이런 횡재가! 나머지 한 짝이 여기 있었네. 깊은 산속을 지나는 사람은 별로 없으니 아직 그 가죽신이 그대로 있겠지?"

146

농부는 새 가죽신 한 켤레를 장만할 욕심에 옆에 있는 나무에 황소를 대강 묶어두고는 서둘러 가죽신이 떨어져 있던 곳으로 되돌아갔다. 예상대로 가죽신 한 짝은 그곳에 그대로 있었다. 농부는 오늘 운수가 좋다며 신나서 황소를 묶어둔 곳으로 되돌아갔다. 하지만 이럴 수가. 그사이 황소는 이미 소매치기가 도둑질해 사라져버렸다.

어쩌면 당신도 세상의 유혹과 자신의 욕심에 흔들려 소중한 것을 잊어버리고 있진 않은가? 기억하라. 가장 소중한 것은 이미 당신이 가지고 있다.

당신은 항상 자신이 갖지 못한 것을 부러워하지만 어쩌면 당신은 이미 많은 것을 가지고 있는지도 모른다. 고대 로마의 작가이자 시인인 푸블릴리우스 시루스는 말했다.

"우리는 다른 사람이 가진 것을 부러워하지만, 다른 사람들은 우리가 가진 것을 부러워한다."

부족하다는 마음이 부족한 상황을 만들어 낸다. 감사함을 찾아라. '감사'는 어려운 것이 아니다. 자신이 가진 게 없는 것 같고 텅 빈 것 같다면 그 부족함을 직접 글로 써보자. 막연하게 부족했던 느낌이 무엇인지 알 수 있다. 아래 내용을 읽고 자신에게 편지를 써보자. 6개를 다 해도 좋고, 할 수 있는 것만 해도 좋다.

오늘만 해도 좋지만 매일 하면 더 좋다.

1. 내가 지금 가진 것 쓰기

아주 사소한 것이어도 좋다. 앞을 볼 수 있는 눈, 맛을 볼 수 있는 혀, 몸을 움직이는 것, 잘 수 있는 집, 내가 타고난 것이나 내 성격의 장점 등을 써보자.

2. 오늘 감사한 일 쓰기

오늘 하루 대수롭지 않게 넘겼던 일들을 끄집어내서 하나하나 적다 보면 모든 것이 감사할 일임을 알 수 있다.

3. 생각과 감정, 느낌 써보기

오늘 일어난 일들에 대해 내 마음과 감정이 어떤 것을 느꼈고, 어떤 생각을 했는지 써보거나 그림으로 표현해보자. 내면아이가 무엇을 원하는지 알 수 있다.

4. 부정적인 일을 정화하기

하루 중 우울하고 부정적인 생각이 일어났을 때를 고민하지 말고 바로 써보자. 무엇에 집착했고 질투했고 시기했는지, 탐욕과 성내는 마음이 언제 올라왔는지 적어본다. 그렇게 쓰고 그린

종이를 잘게 찢어버린다. 심호흡하며 천천히 찢으면 깊은 마음 속의 찌꺼기들이 점차 정화될 것이다.

5. 희망 사항을 시각화하기

무한한 잠재의식을 이용하여 내 꿈을 이미 이루었다고 상상 하며 적어보라. 7일 안의 계획들을 구체적으로 떠올리고 상상하 라. 너무 허황된 시각화는 실망을 안겨준다. 곧 실현될 수 있는 간단한 미래를 떠올리며 적어보라. 그리고 그것이 이루어졌음에 감사하라.

6. 나에게 편지 쓰기

미래에 원하는 꿈을 이룬 나에게 칭찬하는 내용을 글로 써 보라. 힘들었지만 그래도 포기하지 않아서 고맙다고 다독여라. 지금 그대로 괜찮다고 안아주고 칭찬하라.

나는 차분하다
나는 충만하다
나는 담담하다
나는 평온하다

나의 에너지는 차분하다
나의 에너지는 충만하다
나의 에너지는 담담하다
나의 에너지는 평온하다

나는 채워진다
나는 자연스럽게 충만해진다
나는 정화되고 깨끗해진다
나는 차분하고 담담하다
나는 평온하고 충만하다

150

●

이 모든 것에 감사한다
나는 이미 많은 것을 가지고 있다
내 안에는 잠재능력이 무한하다
내 안에는 행복이 가득하다
내 안에는 희망이 가득하다
내 안에는 용기가 가득하다
내 안에 무한한 힘이 있다
그 무한한 힘에 감사하다

매일 좋은 일이 생긴다
좋은 일이 생겨서 감사합니다
매일 기쁜 일이 생긴다
기쁜 일이 생겨서 감사합니다

14일

감사의 분량이
행복의
분량이다

행복은 감사하는 사람의 것

　당신에겐 어떠한 소원이 있는가? 많은 사람이 부자가 되고
싶어 하고 건강하게 살고 싶어 한다. 소원을 이루고 싶다면 먼저
감사한 마음을 가져야 한다. 당신의 소원은 이루어진다. 그 소원
은 이루어질 것이니 이미 이루어졌다고 여기고 감사한 마음으로
살아가라. 이것이 역행 감사법이다. 미리 감사한 마음을 내어 뒤
에 감사한 일을 끌어오는 것이다. 역행하라.

　감사한 마음은 우주의 창조력에 가장 가까운 힘이다. 감사
한 마음은 나의 무한한 잠재능력을 움직이는 숨겨진 열쇠다. 감
사한 일이 생겼기 때문에 감사하는 게 아니라 감사한 일이 이미
생겨났다고 여기는 것이 중요하다. 소원을 이루어서 감사한 게

아니라 이미 그 소원을 이루었다고 생각하는 게 중요하다.

무엇보다 감사가 먼저인 것이다. 감사한 마음을 미리 내는 것이 감사한 일을 끌어당기는 탁월한 방법이다. 그 소원 성취의 순간이 현실로 일어나기 전에 이미 내 마음의 상태가 항상 소원 성취된 상태가 유지되어야 한다. 그래야 내가 원하는 것들이 자연스레 현실로 드러난다.

조셉 머피 박사의 저서 《잠재의식의 힘》에 브룩 씨의 이야기가 나온다. 브룩 씨는 식료품 생산라인을 만드는 회사에 다니고 있었다. 그러나 회사가 어려워지자 실직을 당했다. 경제적으로 넉넉하지 못한 상황에서 실직을 당한 데다 자녀가 셋이나 있어 그는 마음이 답답하고 암담했다. 성실한 그이기에 부지런히 일자리를 찾아보았지만 새로운 직장은 쉽게 나타나지 않았다. 실직 상태가 길어질수록 마음은 초조하고 조급했다.

그런 그가 어느 날 밤, 감사 명상을 알게 되었고 매일 감사 기도를 해보기로 했다. 마음의 모든 걱정과 근심을 물리치고 매일 아침, 점심, 저녁에 5분씩 감사의 마음을 내기 시작했다. 그의 입에서는 항상 "감사합니다"라는 말이 흘러나왔다. 물론 힘든 상황에 감사한 마음이 잘 나지 않았다. 하지만 끊임없이 감사한 상황을 적어보고 말해보았다.

살아 있어서 감사합니다.
숨 쉴 수 있어서 감사합니다.
볼 수 있어서 감사합니다.
움직일 수 있어서 감사합니다.
먹을 수 있어서 감사합니다.

그러자 점점 감사한 마음이 생기기 시작했다. 점점 감사한 마음이 커지면서 그는 자연스럽게 부유하고 너그러운 마음을 가지게 되었다. 이미 편안하고 온전한 마음을 가지게 된 것이다. 그의 내면에 감사한 마음이 충만했을 때 그는 이렇게 감사 명상을 하기 시작했다.

나의 부유함에 감사합니다.
나의 부유함에 감사합니다.
나의 큰 부에 감사합니다.
나의 큰 부에 감사합니다.
나의 풍요로움에 감사합니다.
나의 풍요로움에 감사합니다.

이렇게 아침, 저녁으로 5분씩 말로 확언하고 기도하면서 감사 명상을 하기 시작했더니 실제로 감사한 일들이 그에게 찾아오기 시작했다. 날이 갈수록 정말 감사해야 할 값진 일들이 매일 생기기 시작했다.

감사 기도를 한 지 100일 즈음 무렵 성실한 그를 아끼고 챙기던 아주 오래전의 고용주에게서 연락이 왔다. 옛 고용주는 그의 부지런함과 정직함을 알고 있었기에 브룩 씨를 자기 회사의 연구원으로 다시 채용했다. 또한 당장 그에게 필요할 만큼 넉넉하게 가불을 해주었다.

그 후에도 브룩 씨의 감사 말하기, 감사 쓰기, 감사 명상은 계속되었다. 그렇게 시간이 지나면 지날수록 진실 되고 감사한 마음이 자리 잡았고 그에게 큰 힘이 되었다. 시간이 지나 결국 그는 그 계열회사의 부사장까지 되었다.

이 일화뿐이겠는가? 내가 본 성공한 사람들의 대부분은 항상 작은 것에도 감사한 마음을 잊지 않았다. 사소한 것에도 늘 감사하는 습관이 있었다.

고대 철학자인 아리스토텔레스는 '행복은 감사하는 사람의 것'이라고 했고, 인도의 시성(詩聖) 타고르도 '감사의 분량이 곧 행복의 분량'이라고 말했다. 수천 년 전부터 지금까지 변하지 않는 진리의 말씀이 있다면 사람은 감사하는 만큼 행복하게 살 수 있다는 말일 것이다. 행복해서 감사한 게 아니라 감사하기 때문

에 행복하다. 그렇다. 이제 곧 이루어질 나의 소원에 미리 감사하
라. 곧 이루어질 것이다. 그러니 미리 감사하라.

●

오늘은 좋은 날이다
오늘은 기쁜 날이다
오늘은 잘되는 날이다
오늘은 성공하는 날이다
오늘은 건강한 날이다

오늘은 무조건 좋은 날이다
오늘은 무조건 기쁜 날이다
오늘은 무조건 성공하는 날이다
오늘은 무조건 건강한 날이다
오늘은 무엇이든 잘되는 날이다

잘된다 잘된다
모든 일이 잘된다
풀리지 않던 모든 일이 해결되고
많은 이들이 나를 돕기 시작한다
그래서 잘된다
모든 것들이 잘된다

나에게 좋은 일이 생기고
나에게 기쁜 일이 생기는 날이다
나에게 오늘은 잘되는 날이다
내가 하는 일들이 모두 다 잘되고
좋은 일들이 생기는 날이다

나의 부유함에 감사합니다
나의 큰 부에 감사합니다
나의 풍요로움에 감사합니다

Week 3

세 번째 주

그 누가 뭐래도
당신이
희망이다

바랄 희(希), 바랄 망(望)
당신은 우주가 바라고 바라
태어나고 보호받는 세상 유일한 존재입니다.
본래 당신은 희망의 존재입니다.
그 누가 뭐래도 당신이 희망입니다.
당신의 본성이 희망임을,
당신이 희망의 본질임을,
철저히 믿고 나아갈 때
매일매일 모든 면에서 좋아집니다.
반드시 좋아집니다.

만족하며 즐거우면
모든 것을
얻는다

성공의 겉모습에 속지 마라

성공이란 무엇일까? 흔히들 세 가지를 말한다. 첫 번째는 부다. 누구나 돈이 많길 원한다. 두 번째는 명예다. 자신의 이름을 세상에 널리 알리길 바란다. 세 번째는 권력이다. 남을 좌지우지할 수 있는 높은 자리는 누구나 탐낸다. 사람들은 이 세 가지를 선망하며, 인생의 성공에는 이 세 가지가 반드시 필요하다고 생각한다. 진정 그 생각이 맞는가? 틀린 말은 아니지만 내가 생각하는 진정한 성공한 삶, 그 '0순위'는 바로 만족이다.

노자의 《도덕경道德經》에 만족에 대해 이런 말이 있다.

지족불욕 지지불태 가이장구

(知足不辱 知止不殆 可以長久)

만족할 줄 알면 욕을 당하지 않고, 멈출 줄 알면 위태롭지 않아, 오랫동안 지속할 수 있다.

만족할 줄 알고 멈출 줄 알면 삶이 평온하게 된다. 즉 어느 곳이든 어느 자리든 어느 인연이든 간에 만족하며 과욕의 선을 넘지 말라는 가르침이다.

《논어》의 '옹야 편'에도 이런 구절이 나온다.

지지자불여호지자 호지자불여락지자

(知之者不如好之者 好之者不如樂之者)

아는 것은 좋아하는 것만 못하고, 좋아하는 것은 즐기는 것만 못하다.

삶을 즐기면서 재미있게 사는 사람은 그 누구도 당해낼 수 없다. 그런 에너지로 살아간다면 누가 뭐라고 해도 개의치 않고 삶을 즐겁게 이끌어 가는 원동력이 되기 때문이다. 아주 작은 것에 감사하며, 나에게 다가오는 모든 인연을 인정하고 받아들이며, 물 흐르듯 거침없이 자유롭게 살아간다면 '이 한세상 그래도 참 잘 살았구나'라고 말할 수 있을 것이다.

나이가 들수록 책임져야 할 것도 많아지고 마무리해야 할 일도 늘어나니 삶을 즐기며 사는 게 쉽지 않다. 그럴수록 그중 무엇에 더 집중하고 무엇을 편히 놓아버릴 것인가를 구별하는 기술이 필요하다. 순간순간 재미있게 살고, 두 번 다시 오지 않을 시간 속에 불평불만은 저 멀리 흘려보내고, 내 몫의 행복과 희망을 잘 관리하고 챙기며 물 흐르듯 웃으며 살아가야 한다.

노후가 되면 흔히들 이렇게 말한다.

"나에게 이젠 바뀔 운도 없어. 젊은 사람들 얘기지."

그렇지 않다. 나이가 들수록 운이 더 크게 작용한다. 그동안 당신이 뭔가를 꾸준히 지속해 왔다면 지금까지 만들어온 습관과 삶의 방식이 있을 것이다. 마치 몇십 년 동안 당신이 굴려온 눈덩이와도 같다. 이 인생 눈덩이는 크면 클수록 가속도가 붙는다. 나이가 들수록 인생 눈덩이가 크기 때문에 속도와 방향이 살짝만 틀어지더라도 운의 방향이 크게 바뀐다.

시간이 흐르고 세월이 흐르면 흐를수록 자신의 말과 생각, 행동 습관은 더 굳어진다. 그러니 굳어진 그 방향대로 삶이 자꾸 굴러가게 된다. 거기에 빠져 어영부영 시간을 보내다 보면 어느새 불운한 인생과 행복한 인생의 차이는 그 간격이 더 벌어진다. 그러니 자신의 인생 눈덩이를 잘 관찰하라. 순간을 즐겁게 살아라.

나에게도 인생에 대해 몸소 가르침을 주신 어른들이 있다.

그중 한 분은 경북 청도군 범곡리라는 곳에 있다. 바로 나의 어머니가 태어난 곳이고 외할머니가 잠들어 있는 곳이다. 외할머니는 건강하셨고 그 전날까지 멀쩡히 잠자리에 드셨다가 아침에 일어나서야 돌아가신 걸 알았다. 세상살이 그렇게 조용히 가신 분이 또 있을까 싶다. 항상 말을 아끼고 눈빛으로 손주들을 보듬어주던 외할머니.

외할머니는 항상 걱정이 많은 삶이어서 힘들었다고 했다. 그래서 나에게 "걱정 많이 하지 말고 만족하며 살아라"라고 하셨다. 그렇게 사는 게 행복이라고 했다. "인생 별거 없으니 그저 방긋방긋 웃으며 재밌게 살아라"라고. 나이가 들수록 외할머니의 그 말씀이 참 소중하다는 걸 느낀다.

나의 어머니는 글을 배우지 못했다. 국민학교 문 앞에도 가지 못했고 다른 아이들이 책 보따리를 들고 학교에 갈 때 어머니는 갈잎을 주워 소죽을 끓였다. 어머니가 뒤늦게 한 글자 한 글자 배워서 나에게 처음으로 쓴 편지가 기억이 난다. 내가 아홉 살 때 학교에서 돌아오니 어머니는 산에 나무하러 가야 해서 자식에게 밥을 차려주지 못한 미안한 마음에 밥상을 덮은 보자기 위에 삐뚤빼뚤 편지를 써놓았다.

'된장국은 데워서 먹고, 갈치 먹을 때는 가시 조심해라. 우리 아들.'

그때만 해도 어머니가 학교 근처에 가보지도 못했다는 걸 알지 못했다. 어린 마음에 글씨가 참 삐뚤삐뚤하다고 생각했을 뿐.

그 짧은 편지가 지금은 내 마음에 따뜻한 만족감을 준다.

인생에 힘이 너무 들어갈 때가 있다. 사는 게 만족스럽지 않을 때가 있다. 그럴 때마다 외할머니의 눈빛을 되뇌인다.

"인생 별거 없다. 재미있게 살아라. 방긋방긋 웃으며 작은 것에 만족하며 우리 그렇게 살자."

●

나는 만족한다
나는 지금 만족한다
나의 지금 모습에 만족한다
나의 지금 상황을 이해한다
나의 지금 모습을 인정한다
나의 지금 인연을 존중한다

나의 삶은 점점 더 재밌어진다
만족하면 할수록 더 좋은 일이 찾아온다
앞으로 내 삶은 더 흥미롭고 좋아진다

나는 만족하며 살아간다
나는 감사하며 살아간다
나는 이해하며 살아간다
나는 존중하며 살아간다
나는 재밌게 살아간다

나의 모든 일들이 만족스럽다
나의 모든 인연들이 만족스럽다
나의 모든 상황들이 만족스럽다
나의 모든 면들이 만족스럽다

나의 삶은 즐겁다
나의 삶은 매 순간 즐겁다
나의 인생은 매일매일 즐겁다
나의 인생은 날마다 날마다 즐겁다

만족하는 나의 삶
즐거운 나의 인생
만족하고 즐거운 마음으로 하루하루 살아가니
지금 이곳이 천국이요 극락이다

16일

걱정이 앞서면
인생은
뒤처진다

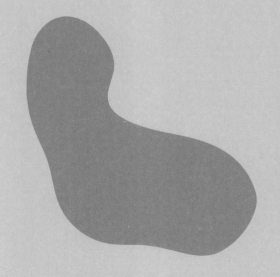

걱정 공장의 가동을 멈추고 자신을 믿어라

티베트 속담 중에 이런 말이 있다고 한다.

"걱정을 해서 걱정이 없어지면 걱정이 없겠네."

어릴 때는 아무런 걱정 없이 살다가 시간이 흐르고 인생을 살아갈수록 다락방에 먼지가 쌓이듯 걱정거리가 쌓여간다. 해가 뜨면 더워질까 걱정하고, 비가 오면 비 맞을까 걱정하고, 바람 불면 넘어질까 걱정하고, 눈이 오면 추워질까 걱정한다.

먹으며 살찔까 봐 걱정하고, 건강 보조식품 챙기며 병 걸릴까 봐 걱정하고, 굶주리지 않은데도 배고플까 봐 걱정한다. 비행기를 타면 떨어질까 걱정하고, 배를 타면 물에 빠질까 걱정하고, 차를 타면 사고 날까 걱정한다.

혼자면 외로울까 걱정하고, 둘이면 헤어질까 걱정하고, 결혼해 자식이 안 생기면 자식 인연 없을까 봐 걱정하고, 자식이 생기면 아플까 봐 걱정하고, 자식이 학교 가면 공부 못할까 봐 걱정하고, 자식이 학교를 졸업하면 취업 못할까 봐 걱정하고, 자식이 나이가 차면 결혼 못할까 봐 걱정하고, 자식이 결혼하면 손주를 못볼까 봐 걱정하고⋯. 이 걱정의 고리에서 평생을 벗어나지 못한 채 생을 마감한다.

매일매일 걱정 공장은 24시간 돌아간다. 그런데 한 달 전에 무슨 걱정을 했는지 떠올려보라. 또 1년 전에는 무슨 걱정을 했는가? 아마 잘 떠오르지 않을 것이다. 지금 하고 있는 걱정이 시간이 조금 지나고 나면 별걱정 아니었음을 알 수 있다. 돌이켜보면 걱정하는 순간은 아무것도 아니다. 그저 삶 속에 스쳐간 바람일 뿐이다. 지나온 세월의 걱정거리가 지금 어디에 있는가? 그 많던 고민들은 도대체 어디로 사라졌는가? 이제 그만 걱정에서 자유로워져라.

시간이 지나 세월이 흐른 뒤에야 조금씩 깨닫게 된 것은 그 걱정 공장에서 생산해낸 모든 것이 폐품이라는 사실이다. 그렇게 사는 동안 걱정하고 걱정해온 모든 것이 쓸 수도 없고 사용할 수도 없는, 잡으면 부스러지는 모래성 같은 것이었다.

우리는 자신도 모르게 매일 걱정의 무더기 속에 살아간다.

존재하지도 않고 실체도 없는 가짜 걱정 속에서 허우적거리고 숨가빠한다. 아무것도 아닌 것을 작은 걱정으로 만들고, 작은 걱정을 계속해 더 큰 걱정으로 꾸미고 포장한다. 그 걱정 공장은 24시간 꿈속에서도 돌아가고 있지 않은가? 그럼 그 걱정 공장을 쉬지 않고 돌리게 하는 에너지, 즉 연료는 도대체 무엇인가? 걱정 공장의 연료는 타인과의 비교다. 다른 사람보다 더 우월하고 좋아지고 싶은 당신의 욕심과 질투심이다.

걱정을 누가 주었는가?
걱정은 누가 주는 것이 아니다.
걱정은 내가 스스로 만든 것이다.
물도 셀프고,
걱정도 셀프다.

지나친 걱정 속에 갇혀 살다 보면 나에게 이미 찾아온 행복을 나도 모르게 지나치게 된다. 실체 없는 걱정을 스스로 만들고 그 안에서 허덕이며 아파한다. 가난할까 봐, 돈 못 벌까 봐, 다칠까 봐, 아플까 봐, 실패할까 봐, 뒤처질까 봐 한시도 쉬지 못하고 조마조마하며 새가슴으로 살아간다. 특히 한국 사람들의 걱정은 남다르다. 치열하게 경쟁하며 너무 많은 걱정 속에서 살다 보니 건강하던 모습은 금방 가고 늙어서 앓는 소리만 나온다.

돈을 많이 가진 사람일수록 병들고 아픈 게 억울하고, 가진 게 많을수록 죽는 것이 더욱 아쉽다. 인물이 좋을수록 늙어가는 것이 억울하고, 인기가 많을수록 인기가 사라질까 봐 걱정한다.

그러니 인물 좋다, 인기 많다, 돈 많다 자랑 말고 가지고 있을 때 나눌 줄 알고 겸손할 줄 알아야 한다.

이제 조금만 걱정하자. 걱정한다고 해결되면 평생 걱정하겠다. 하지만 걱정한다고 해결되는 일은 없다. 다만, 조금 더 냉철하게 지금의 상황을 살피고 관찰하고 알아차리며 살아가면 된다. 걱정이 깊어지면 시름이 되고, 결국엔 몸과 마음을 크게 다치게 된다. 걱정한다고 더 좋아질 수 없고, 걱정한다고 성공할 수 없고, 걱정한다고 틀어진 사이가 좋아질 수 없다. 걱정한다고 병이 회복되지 않고, 걱정한다고 살이 빠지지 않고, 걱정한다고 돈을 벌 수 있는 것도 아니다.

걱정은 온통 내 마음만 혼잡하게 만든다. 내 주위를 불안하게 하고, 좋은 인연이 끊어지게 하며, 내 몸을 상하게 하는 원인이 된다. 혹시 지금 본인 걱정은 물론이고 남의 걱정까지 하고 있지 않은가 돌아보라. 지금 혹시 자식 걱정하고 있는가? 걱정한다고 자식이 잘될까? 오히려 걱정 속의 탁하고 어두운 에너지가 자식에게 더 큰 걱정거리를 불러온다. 걱정은 어떠한 상황에 따라 생기는 것이 아니라 그 일을 바라보는 사람의 관점에서 시작된다. 염려하고 걱정할수록 좋아지지 않는다. 더 더뎌진다. 더 이상 고민하지 마라. 지금 이 순간 그 걱정의 바닥에서 일어나라. 실천하는 순간 그 걱정에서 벗어나고 상황이 좋아진다.

나도 걱정이 하나 있다. 걱정이 없는 것이 걱정이다. 걱정 속에 머물지 마라. 쓸데없는 것에 마음 쓰지 마라. 당신의 걱정은 항상 너무 앞서간다. 걱정할 시간과 노력을 자기 성장과 자기 관리에 쏟아라. 그 시작이 당신의 모든 운을 열어주는 열쇠다.

걱정할 시간과 노력을 나의 성장과 자기 관리에 쏟아라. 걱정이 사라지면 당신에게 좋은 운이 훅 끌려온다. 지금 이렇게 말하라.

"걱정이 뭔데? 도대체 그게 뭔데?"

오늘은 내 인생의 걱정이 사라진 날이다.

오늘의 필사

●

더 하려 하지 말자
더 신경 쓰려 하지 말자
걱정도 조금 덜 하고
마음도 조금 덜 쓰고
노력도 조금 덜 하고
후회도 조금 덜 하자

깊게 호흡하라
코로 깊게 숨을 들이마셔라
모든 걱정을 입으로 후 불어내라
걱정은 한순간 한 호흡으로 모두 사라진다
걱정은 한순간 한 호흡으로 모두 소멸된다
걱정이 사라진 그 자리에
평화로움이 숨 쉴 때마다 찾아온다

나는 오늘부터 나 자신이 된다
나는 오늘부터 나로 살기로 했다
이제는 나로 살아야 한다
나를 아끼고 나를 사랑하며 살기로 했다

조금 힘든 일이 생겨도 괜찮다.
그 시간은 나의 성장의 순간이다
조금 힘들어도 괜찮다
그 순간들은 내 인생의 도약판이다

잘하고 있다
나는 잘하고 있다
충분히 잘하고 있다

이 순간이 지나면 조금 더 좋아진다
이 순간을 발판으로 더욱더 좋아진다
좋아지고 또 좋아져서 좋아질 일만 생긴다
좋아지고 또 좋아져서 좋아질 순간만 찾아온다

좋아질 수밖에 없는 나라서
잘될 수밖에 없는 나라서
바로 나라서
감사합니다

○ 17일

이미 우린
모든 것을
가졌다

돈을 친구로 삼아라

오랫동안 건강하고 행복하게 장수하고 싶은가? 그럼 이 질문에 한번 대답해보라.

첫째, 당신은 돈을 충분히 가지고 있는가? 살아가는 동안 우리에겐 돈이 어느 정도 필요하다. 돈이 행복의 전부는 아니지만 행복을 추구하는 데 도움은 된다. 하지만 돈이 많다고 장수하는 것도 아니고 가난하다고 요절하는 것도 아니다.

둘째, 당신은 사람들과 또는 세상과 충분히 소통하며 살고 있는가? 이 질문은 아주 중요하다. 당장 내가 부자가 아니더라도 이건 실천할 수 있기 때문이다. 행복하게 장수한 사람들의 대부분은 세상과 더불어 자유로운 소통과 대화를 하던 사람이라고 한

187

다. 개인주의가 팽배한 이 세상에서 고립되지 않고 서로 소통하며 살아가는 사람이 오래 산다는 건 그만큼 세상과 소통하는 사람이 삶의 질이 높다는 의미다.

앞의 질문에 정반대의 대답을 가진 두 사람이 있다. 바로 빈센트 반 고흐와 파블로 피카소다. 두 사람은 역사상 가장 존경받는 화가 중 하나이고 자신만의 독창적인 그림 세계를 개척했다. 하지만 두 사람 사이에는 결정적인 차이점이 있었다. 돈과 세상을 대하는 태도였다.

빈센트 반 고흐는 네덜란드 화가였다. 살아생전에 1000여 점의 작품을 남겼지만 그가 살아 있을 때는 단 한 점의 그림밖에 팔리지 않았다. 그는 살아 있는 동안 정신질환에 시달리며 우울감과 두려움 때문에 자신의 귀를 자르기도 했다. 그는 내내 가난에 시달리다 37세에 스스로 삶을 마감했다. 그가 떠난 후 11년이 지나서야 그의 그림이 세상에 알려지기 시작했고, 현대에 와서는 그의 그림 한 점이 580억 원에 팔려 미술품 경매 사상 최고가 기록을 세우기도 했다.

파블로 피카소는 스페인 화가로 활발한 창작 활동을 해서 작품 수가 무려 3만 점에 달한다. 피카소는 살아 있을 때부터 천재 화가로 명성이 드높았으며 억만장자로 인생을 즐기다 92세에 생을 마감했다. 이 둘의 차이점은 무엇일까?

고흐는 오로지 그림에만 몰두했다. 세상과 단절한 채 예술 활동에 목숨을 걸었다. 고흐는 오로지 창작에만 열중하다 보니 그림 판매에 대해서도 잘 몰랐다. 하지만 피카소는 그림을 완성 하면 가장 먼저 미술상을 불러들여 작품의 방향성과 의도, 창작 배경을 상세히 설명했다. 피카소는 이렇게 말했다.

"나는 화가다. 화가는 그림을 그려야 하고 내 그림을 원하는 사람들에게 팔아야 해. 화실에 나만 보도록 묵혀두려고 이 그림 을 그린 게 아니야. 세상에 나가 많은 사람들에 감흥을 줘야지."

그 결과 피카소 그림의 인기는 더 높아졌고 더욱 많은 사람 들이 그의 그림을 원했다. 그는 돈을 벌수록 그림의 테크닉도 더 발전시켰다. 하나의 스타일을 고집하지 않고 다양한 화풍으로 사 람들을 매료시켰다. 그림을 아끼고 사랑하듯 자신의 그림을 사주 는 사람들의 말에도 항상 귀를 기울였다. 돈도 사랑한다고 자처 한 피카소는 여생을 마칠 때까지 풍요로운 삶을 즐겼다.

그렇다. 고흐와 피카소의 가장 극명한 차이점은 이 두 가지 의 마음이라 할 수 있다.

첫째, 돈을 바라보는 마음.

둘째, 세상과 소통하는 마음.

우리는 알아야 한다. 내가 돈에 이끌려 가는 것이 아니라 내 가 돈의 주인임을 알아야 한다. 돈의 주인이란 꼭 필요한 곳에 돈을 잘 사용하며 돈에 대한 집착이 없는 사람이다. 돈의 노예란 항상 돈에 대해 걱정하고 돈이 부족할까 봐 두려워하는 사람이다. 또한 돈을 제대로 쓰지 못하고 소비를 못하는 사람이다.

　　돈의 노예가 되기 싫다면 돈이 나를 따라오게 만들어야 한다. 돈은 그저 내 인생의 파트너다. 파트너에게 잘해야 오랫동안 그 인연을 이어갈 수 있다. 마찬가지로 돈의 친구가 될 수 있어야 한다. 돈을 파트너처럼 때론 친구처럼 여기며 서로 대등한 존재로 소중히 다루고 관심을 주어라. 반대로 돈에 휘둘리지 말고, 돈을 무시하지도 마라. 돈에 끌려 다니지도 말고 지배당하지도 마라. 그러니 돈은 다만 동반자다. 삶의 친구, 삶의 반려자라고 마음 내라. 편한 친구일수록 그 친구를 자주 만나게 된다. 불편한 사이일수록 멀어지게 된다. 돈을 대하는 태도도 이런 마음가짐이 필요하다. 돈에 대한 의식이 편안하게 바뀌는 순간 금전운은 끊임없이 열리고 찾아오게 된다.

　　마지막으로 당부하고 싶다. 돈만 생각하지 말고 돈을 버는 의미를 생각하라. 부자가 되고 싶은가? 돈을 벌어 무엇을 하고 싶은가? 나는 적게 벌든 많이 벌든 내 돈으로 이 세상을 이롭게 하는 일에 가장 큰 의미를 둔다. 당신은 어떤 것에 의미를 두고 있는가? 보통 사람들은 '나는 지금 가난하지만 부자가 되면 나누며 살아야지'라고 말한다. 정말 돈을 벌면 나눌 수 있을까? 아니다. 그때가 되면 또 생각이 달라지는 것이 인간이다. 만일 돈을 많이 벌면 베풀며 살겠다는 마음을 가지고 있다면 아무리 가난해도 지금 콩 한 쪽, 쌀 한 톨을 나누어야 한다. 이런 마음을 내어야만 돈의 기운이 순환한다. 내 것을 나누어라. 내 마음을 베풀어라. 지금이 가장 좋은 때다. 크기는 중요하지 않다. 규모도 상관없다. 그냥 쌀 한 톨이라도 나누어라. '나중에 시간 많으면 봉사해야지'라고 생각하면 평생 봉사 못한다. 지금 내 눈앞에 보이는 쓰레기 하나부터 주워라. 보지만 말고 행동하라.

씨앗을 뿌리기 전에 이 씨앗이 나중에 뿌리를 내리고 자라나 줄기를 이루고 꽃을 피우고 열매를 맺는 것을 상상하라. 그러면 씨앗 뿌리는 일이 훨씬 더 수월하고 재밌다. 만일 당신이 씨앗을 뿌리고 있다면 그 이후는 시간의 문제일 뿐 반드시 열매를 맺는다. 지금 힘든가. 지금 이 시간이 너무나 힘들다면 이미 그것을 이루었다고 느끼고 미소 지어라. 상상 속에 있으란 것이 아니다. 이미 그 소원을 이룬 사람의 마음처럼 여유와 배포를 가지고 더 즐겁게 노력하라는 뜻이다. 그러면 당신이 흘린 땀과 노력의 크기만큼 반드시 받게 되어 있다.

●

돈은 나의 친구다
돈의 나의 파트너다
돈은 나의 가족이다
돈은 나의 연인이다
돈은 나의 인연이다

나는 돈을 사랑한다
나는 돈을 잘 사용한다
나는 돈을 쓰는 만큼 더 많은 돈이 나에게 찾아온다
나에게 돈이 매일매일 찾아온다

매일 많은 돈을 사용해도 더 많은 돈이 들어온다
써도 써도 풍족한 돈이 나에게 찾아온다
나는 억세게 운이 좋은 억만장자다
물 흐르듯 자연스럽게 돈이 들어온다

돈이 들어오는 것은 당연하다
나는 돈을 사랑하고 잘 사용하며 언제나 풍족하다
나에게 돈이 알아서 찾아온다
돈이 쉬지 않고 나에게 들어온다
나를 찾아온 돈은 참 소중하게 쓴다
나의 돈은 꼭 필요한 데 사용된다
돈이 꼭 필요한 존재와 함께 나누며 산다

나는 돈이 참 좋다
돈은 언제나 나를 떠나지 않는 친구다
돈이 있어 나는 항상 편안하고 안락하다
돈 덕분에 나의 인생은 매 순간 편안하다
풍족하고 풍요로운 내 인생은 계속 이어진다
써도 써도 많은 돈이 끊임없이 끌려온다
내 삶의 길목에 언제나 돈이 가득하다
내가 가는 모든 곳에 돈 벌 일들이 널려 있다

●

나는 큰 부자가 될 운명을 타고났다
돈이 많은 나는 억세게 운이 좋은 사람이다

나에게 매일매일 돈이 찾아온다
나에게 매일매일 돈이 들어온다
내 통장에 큰돈이 매일매일 입금된다
나의 잔고는 크게 늘고 있다

나도 모르는 사이 많은 돈이 입금된다
내가 자는 동안에도 큰돈이 입금된다
나에게 매일매일 돈이 찾아온다
나에게 매일매일 돈이 들어온다

주도적으로
내 운을
선택하라

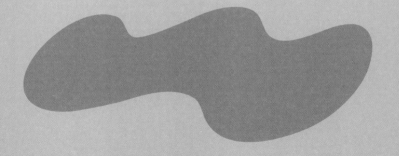

운명도 피해 가는 사람이 되라

《토정비결》을 썼다고 알려진 이지함은 역학뿐 아니라 의학·수학·천문학 등에 해박한 천재 학자이자 기인으로 유명하다. 이런 이지함에게는 스승이 있었는데 바로 홀로 학문을 깨우친 천재이자 날카로운 식견으로 족집게처럼 미래를 예측한 서경덕이다. 서경덕이 제자들과 함께 충청도의 한 마을을 지나고 있을 때 있었던 일이다.

한 포졸이 마을 어귀에 들어선 서경덕과 이지함이 가는 길을 급히 가로막아 섰다. 이에 서경덕이 말했다.

"비켜라. 나는 이곳을 지나가야 한다. 무엇 때문에 우리를 가로막는 게냐?"

포졸은 난처해하며 지금 이 동네에 역병이 돌았으니 다른 길로 돌아가라고 말했다. 이에 서경덕이 물었다.

"오호, 그래? 그런데 이곳까지 오는 길에 단 한 번도 당신 같은 포졸을 본 적이 없었는데."

"이미 다 도망갔지요. 지금 여기는 나 혼자밖에 지키는 사람이 없소."

이에 서경덕이 포졸에게 왜 혼자 이곳에 있는지를 물었더니 포졸이 이렇게 답했다.

"나마저 도망가면 이 마을로 들어가는 모든 사람이 역병에 걸릴 수 있기 때문이오."

"내 운명은 내가 알고 있다. 나는 역병으로 죽을 운명이 아니니 썩 비켜라. 지함아, 어서 가던 길 가자."

그렇게 둘은 포졸의 말을 무시한 채 그 동네로 들어갔다. 스승의 뒤를 따르던 제자 이지함은 문득 포졸의 사주팔자가 궁금해졌다.

"스승님, 저 사람이 참 훌륭한 사람인 듯합니다. 역병이 도는 이 마을에서 모두가 떠났는데도 자신의 목숨을 담보로 저 입구를 지키고 있으니 말입니다. 나중에 고향에 돌아가면 저 사람의 인연을 물어 사주를 한번 풀어봐야겠습니다."

이에 서경덕은 이렇게 말했다.

"지함아, 그럴 필요 없다. 저런 사람은 운명도 피해 간다. 어떠한 사주에도 영향을 받지 않고 스스로 운명을 개척해 나가는 존재란다."

　　혹여 아직까지 사주팔자에 목을 매는가? 자신의 삶을 개척하려 애써 봤는가? 사주는 이미 정해진 것이다. 이미 그렇게 태어났다. 연월일시(年月日時). 이것을 바꿀 수 있는가? 사람은 태어날 때부터 자신의 몫을 가지고 태어난다. 하지만 그 몫을 지키고 키우는 것은 본인의 역량에 달려 있다. 타고난 몫을 잃고 낭비하는 것도 본인의 결정이다.

　　《임제록臨濟錄》에 '수처작주 입처개진(隨處作主 立處皆眞)'이란 말이 나온다. '수처작주'란 내가 처한 조건과 상황은 매 순간 변하지만 그곳에서 주인이 되란 말이다. 세계적 성공학 권위자인 스티븐 코비의 《성공하는 사람들의 7가지 습관》에서 제일 먼저 꼽는 것도 '주도적이 되라'다. 그곳이 어느 곳이든 머슴이 되지 말고 주인이 되라는 것은 운을 바꾸는 이들의 공통적인 마음가짐인 것이다.

　　'입처개진'의 뜻은 지금 당신이 서 있는 그곳이 모두 진리의 순간이라는 의미다. 즉 지금 있는 그곳이 바로 모든 문제의 시작이고 모든 해결의 시작이란 말이다. 어디에서 구하고 구걸하지 마라. 다른 이와 비교해서 불평하고 불만 갖지 마라. 어느 자리 어느 곳이든 주인으로 살아가라. 머슴이 되지 마라. 내 인생이다. 내 것이다. 아무리 두려운 상황이 내 삶 속에 찾아오더라도 모든 걸 받아들이고 그 속에서 흘러가라.

언뜻 들으면 내 인생의 주인이 되라는 것은 참 당연하다. 그러나 쉽지 않다. 저도 모르게 자기 인생의 주도권을 남에게 넘기고 사는 사람이 참 많다. 부모님에게 주기도 하고, 연인이나 친구에게 넘기기도 한다. 상사에게 넘기는 경우도 있다. 타인의 시선과 사회의 요구에 내 인생의 주도권을 넘기니 점점 내가 없어져 공허해진다. 그래서 내가 나를 잘 관찰해야 한다. 무엇을 싫어하는지, 무엇을 좋아하는지, 무엇을 원하는지를 알아차려야 한다.

내가 나의 인생의 구성요소를 잘 파악하면 할수록 내 길이 잘 보인다. 잘 보이면 보일수록 믿음이 생기고 떨리지도 않는다. 실력은 더 쌓이고 실력은 곧 운으로 작용한다. 그렇게 시간이 지나다 보면 모든 면에서 자신감도 생기고 모든 것이 술술 풀리는 걸 느끼게 된다. 운이 90%, 재능이 10%라고 하더라도, 반대로 재능이 90%, 운이 10%라고 하더라도 믿음 속에서 노력하는 사람은 걱정할 필요없다. 반면, 노력하지 않으면서 내가 주도권을 잃는다면 항상 떨리고 불편하여 운이 찾아오더라도 오래 머물지 않는다.

지금 이 순간, 지금 이곳이 그 문제를 해결할 수 있는 근본 자리다. 인정하라. 받아들여라. 그리고 물 흐르듯 흘러가라. 그리고 어떠한 순간에도 행복을 선택하라. 불행은 없다. 모두 행복의 과정이다. 모든 것을 인정하고 한 걸음 한 걸음 묵묵히 진심을 다해 나가 보면 서서히 막혀 있던 모든 액운이 풀려나간다, 해결된다. 모든 것이 좋아진다. 그러니 선택하라. 운명의 주도권을 쥐어잡아라.

오늘의 필사

●

나는 주인공이다
내가 내 삶의 주인공이다
내가 내 삶을 만든다
내가 내 삶을 창조한다

나는 선택한다
나는 미소를 선택한다
나는 즐거움을 선택한다
나는 기쁨을 선택한다
나는 행복을 선택한다

나는 지금 이 순간 행복을 선택한다
과거는 지나갔고 미래는 오지 않았으며
오직 현재만 선택한다
지금 이 순간 속에 행복을 선택한다

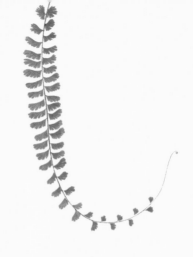

내가 지금 행복을 선택하면
나는 지금 행복해진다
내가 지금 만족을 선택하면
나는 지금 만족스럽다
내가 지금 감사를 선택하면
나는 지금 감사해진다

그 선택은 내가 한다
내가 지금 선택하면 그렇게 된다
그러니 선택한다
내가 주인이기에

나는 지금 이 순간 행복을 선택한다
나는 지금 이 순간 만족을 선택한다
나는 지금 이 순간 감사를 선택한다

내 말은
운을 부르는
주문이다

돈과 운을 부르는 말버릇

신이 말로 세상을 창조했듯이 말에는 엄청난 힘이 숨겨져 있다. 《일본 최고의 대부호에게 배우는 돈을 부르는 말버릇》의 저자 미야모토 마유미는 우리가 하는 모든 말은 현실로 나타난다고 말한다. 마치 식당에서 그 음식을 주문하면 그 음식이 그대로 나오는 것처럼 말하는 모든 내용은 시간의 차이만 있을 뿐 반드시 현실로 나타난다는 것이다.

우리는 예로부터 이런 말들을 들어왔다.

말이 씨가 된다.
말은 씨앗이다.

말이 첫 시작이다.

말이 곧 기도다.

말이 곧 현실이다.

말이 곧 인생이다.

말이 곧 나다.

"감사합니다"라고 말하면 감사한 일이 생기고, "행복하고 즐겁다"고 말하면 정말 행복하고 즐거운 일이 나에게 생긴다는 것이다. 우리가 무의식으로 내뱉은 말은 우리의 마음속에 새겨지고 잠재의식 속에 기억되어서 삶의 길목에서 연쇄적으로 영향을 주기 시작한다. 내가 무심코 던진 말 한 마디가 우리의 삶에 전반적인 변화를 일으키는 원인이 된다.

많은 말을 하지 않아도 적재적소에 필요한 말을 하는 지혜가 필요하다. 귀는 두 개이고 입이 한 개인 이유는 많이 듣고 충분히 생각한 후 적당히 말하라는 의미다.

여기 한 사람이 있다. 이 사람은 말하기를 좋아한다. 상대가 한 마디 하면 그는 서너 마디를 한다. 하고 싶은 말이 끝이 없다. 한두 마디만 하고 말을 그치면 불편한 기색을 비친다. 말을 더 하지 못했으니까, 상대가 말하는 동안에는 안절부절못한다. 머릿속에 떠오르는 말을 얼른 뱉어내고 싶어 안달이다.

그러다 보니 상대방의 말을 끝까지 듣지 못한다. 상대가 말하는 중간에 자꾸 치고 들어간다. 그럼 결국엔 상대는 말을 못 끝내고 말수까지 줄어든다. 그가 말을 많이 하는 이유는 또 하나 있다. 정적을 견디지 못하기 때문이다. 대화를 하다 보면 말이 끊길 수도 있다. 갑자기 말이 끊기니 어색해진다. 이 사람은 그걸 견디지 못한다. 잠깐만 가만히 있으면 말이 이어질 텐데, 그걸 못 견딘다. 그 시간이 어색하다 보니 불편해하고 아무 말이나 쏟아낸다.

　　대화란 혼자 하는 것이 아니므로 상대가 어떻게 느끼느냐가 중요하다. 이것을 모르는 이 사람이 어느 날 하소연을 했다.

　　"왜 사람들은 왜 내 말을 잘 들어주지 않지? 왜 친구들은 나에게 말을 조금 하라고 충고하지? 내가 그렇게 말이 많은가?"

　　나는 이렇게 말해주었다.

　　"그래, 말이 참 많지. 정말 많아. 말이 너무 많아서 사람들은 네가 얘기할 때면 그저 듣기만 해. 다른 사람이 한 마디 하면 너는 열 마디 하니까. 할 말을 다 하지 못했는데 네가 중간에 끊어버리니까 아예 말을 하지 않아. 그저 듣기만 하지. 게다가 속 깊은 얘기를 할라치면, 너는 들어주지 않고 오히려 네 속 얘기만 하니까 누구도 너에게는 속 얘기를 하지 않는 거야. 그래서 너에게 말 좀 그만하라고 하는 거야."

대화를 할 때 말을 많이 하면 실수할 수밖에 없다. 생각나는 대로 말을 막 하다 보면 할 말, 못 할 말 다 나오니 상대의 기분을 상하게 하고 오해를 살 수도 있다.

말이라는 것은 참 신기하다. 말을 너무 많이 해도 오해를 만들고 말을 너무 적게 해도 오해가 생긴다. 그러니 말에도 중도(中道)가 필요하다. 말을 적당하게 하려면 우선 상대방의 말을 많이 듣고 말을 하기 전에 충분히 생각해야 한다. '충분히'란 말에는 여유 있고 배려 있게 수긍한다는 의미가 포함된다. 얘기를 들어주면서 여유와 배려, 긍정이 함께 하다 보면 어느새 말이 있고 없고가 상관없는 자리를 만난다. 아무 말 없이 함께 있어도 충분하고 좋다.

말을 잘하는 사람이란 목소리가 큰 사람도 아니고 말이 번지르르한 사람도 아니고 말이 논리적인 사람도 아니다. 말을 잘하는 사람은 말에 진심이 녹아 있고, 말에 품위와 절제가 있는 사람이다. 말을 할 때는 자신이 모르는 것에 대해선 말하지 말고, 확실히 아는 것에 대해서 말해야 한다. 즉 추측하거나 지레짐작으로 말해선 안 된다. 왜냐하면 말은 남을 베는 날카로운 칼이 될 수 있기 때문이다. 그 칼날은 부메랑이 되어 자신에게 되돌아와 불행에 빠뜨릴 수 있다.

피부의 상처는 치료하면 새 살이 돋고 곧 치료되어 회복되

지만, 말의 상처는 오랫동안 가슴속 깊이 대못질로 박혀 응어리
진다. 남편과 아내, 부모와 자식, 형제자매 그리고 친구 사이에서
도 끝없이 발생하는 말의 상처. 그래서 가깝고 사랑하는 사이일
수록 말을 조심하고 말을 아껴야 한다.

●

나는 따뜻한 말을 한다
나는 배려 있는 말을 한다
나는 잘 들어준다
나의 대화는 언제나 포근하다
나의 말은 빠르지 않다
나는 편안한 말투로 대화한다

나는 충분히 편안하게 말한다
나는 말할 때 편안함을 느낀다
나는 편안한다
나는 말하는 것이 편안하다
나는 많이 듣고 적게 말한다

나는 말을 조심한다
나는 부드럽게 말한다
나는 좋은 말만 한다
나는 바른 말만 한다
나는 사람을 이롭게 하는 말을 한다

●

나는 적게 말한다
나는 많이 듣는다
상대방의 말을 경청한다
상대방의 말에 수긍한다
나는 침묵한다
나는 꼭 필요한 말만 한다

나는 나에게 좋은 말을 건넨다
좋은 말, 칭찬의 말은 기적을 부른다
오늘은 어제 사용한 말의 결실이고
내일은 오늘 사용한 말의 열매다
말은 곧 내 인생이다
말은 곧 나다

마음이
평온하면
미래가 바뀐다

미소 짓는 얼굴이 운을 부른다

중국 송나라 때 유명한 관상가가 있었다. 이 관상가는 손님이 자신의 집 대문으로 들어오는 순간, 즉시 손님의 관상을 보고 다 맞힐 정도로 실력이 뛰어났다. 그 손님이 크게 성공할 상이면 마당까지 나가서 정중히 받들고, 그렇지도 못할 관상 같으면 맞이하기는커녕 방으로 알아서 들어오라고 했다.

어느 날 범문공(凡文公)이라는 자가 자신의 미래가 궁금해서 이 관상가를 찾아갔다. 관상가는 문도 열어주지 않고 알아서 들어오라고 했다. 범문공이 스스로 문을 열고 들어가서 "제 관상이 후일에 재상이 될 수 있겠습니까?"라고 물었다.

"당신은 재상이 될 관상이 아닙니다."

범문공은 관상가의 말을 듣자 아무 말 없이 되돌아 나왔다.

며칠이 지나 범문공은 다시 관상가를 찾아가 물었다.

"제가 재상이 될 수 없다고 했는데, 그렇다면 의원이라도 될 수 있습니까?"

"왜 의원이 되려고 합니까?"

"저는 도탄에 빠진 백성들을 구제하기 위해서 재상이 되고 싶었습니다. 그런데 며칠 전 제가 재상이 안 된다고 하니, 차라리 질병에 시달리는 백성들을 살리고 싶어 의원이 되려고 합니다."

이 말을 찬찬히 들은 관상가는 범문공의 눈을 바라보며 나지막이 말했다.

"당신은 앞으로 백성을 살리는 재상이 될 것입니다."

범문공이 어리둥절해서 물었다.

"얼마 전에는 재상이 못 된다고 하지 않았소?"

"얼굴상은 불여골상(不如骨相)이요, 골상은 불여심상(不如心相)이라. 자고로 얼굴상은 골상만 못하고 골상은 마음상만 못합니다. 당신의 얼굴상이나 골상은 별로 시원치 않아 재상감이 아니지만 심상, 즉 마음 쓰는 것을 보니 재상이 되겠다고 한 것입니다. 개인의 출세를 위해서가 아니라 도탄에 빠진 백성을 구제하기 위해서 재상이 되고자 했기 때문입니다."

그 후 범문공은 관직에 등용되어 20년 동안 덕이 넘치는 재상으로 지냈다.

옛말에 '수상불여관상 관상불여심상(手相不如觀相 觀相不如心相)'이라는 말이 있다. 손금이 아무리 좋아봐야 관상만 못하고, 얼굴이 아무리 잘생겨봐야 마음자리 좋은 것만은 못하다는 뜻이다. 하지만 얼굴은 곧 마음의 거울이다. 마음이 편안하면 얼굴 또한 편안하고 복스러운 얼굴로 바뀐다.

내 마음이 감정과 생각 때문에 편한 날이 없으니 마음 편하기를 마냥 기다려서 관상을 바꾸려 하지 말고, 미리 얼굴을 편하게 하고 미소를 지으며 마음으로 전달해 마음자리를 좋게 만드는 것이다.

관상학적으로 복을 부르는 얼굴은 따로 있다. 하지만 그렇게 생기지 않았더라도 괜찮다. 나이가 들어가면서 살아온 인품과 성격으로 인해 얼굴도 변화하기 때문이다. 초년 운이 좋지 않았더라도 마음을 잘 쓰면 말년 운이 좋아질 수 있다. 내 얼굴도 좋은 운을 부르는 관상으로, 말년 운까지 좋아지는 얼굴이 될 수 있다.

먼저 관상학에서 미간은 복이 들어오는 통로라고 한다. 따라서 두 눈썹 사이는 항상 자연스러워야 한다. 눈썹을 찡그리면 들어올 운의 문을 닫는 것과 같다. 지금 거울을 보라. 나의 미간은 어떠한가? 미간을 펴는 가장 좋은 운동은 바로 얼굴을 환하게 미소 짓는 것이다. 자신의 얼굴이 태양처럼, 달덩이처럼 환하다고 자주 상상하라. 그리고 긍정적인 생각과 좋은 말을 많이 하다 보면 자연히 미간에 꽃이 핀다. 이 평온한 미간이 운길을 터주게 된다.

입은 만복을 모으는 댐의 역할이다. 미간이나 얼굴로 들어온 복의 기운이 흘러나가지 않게 입꼬리를 위로 잘 모아야 한다. 입꼬리가 축 처지면 복의 둑이 무너진다. 그러니 항상 입꼬리를 올려 만복이 흘러나가지 않게 도와줘야 한다.

관상학자들은 말한다. "나쁜 운을 좋은 운으로 바꾸는 방법은 의외로 간단하다. 항상 편안한 마음으로 매사를 긍정적으로 바라보라"고 말이다. 그 마음으로 살아가다 어느 날 거울을 보면 나도 모르게 관상이 바뀌어 있게 된다. 결국 삶이 바뀌고 운명까지도 바뀌게 된다는 것이다.

좋은 부모와 좋은 환경 속에서 젊은 시절 아무리 큰 부와 명예를 누렸어도 말년이 불행하면 괴로운 마무리가 뒤따른다. 젊은 시절도 운의 영향을 받지만, 그보다 노년 시절은 그 운의 변화가 더 크다. 젊을 때는 삶을 쥐락펴락하는 에너지가 있지만 나이가 들면 그 기운도 사라져 작은 시대적 배경과 흐르는 운에도 쉽게 흔들린다.

특히 나이가 들수록 복스러운 얼굴을 망치는 가장 위험한 마음이 바로 이기적인 욕심이다. '조금 더 좋은 거 먹고 좋은 집에 살아보겠다는 욕심' '남들 자식보다 내 자식이 더 잘되기를 바라는 탐욕' '명예 등 지위에 대한 집착' '욕심이 이루어지지 않을 때 일어나는 화' 등 우리는 늘 이러한 욕심에 파묻혀 살아간다. 그러다 보니 부정적인 에너지에 휩싸이고 나도 모르는 사이에 보이지 않는 어둠의 파도에 이끌려 고해 속에 머물게 된다.

나이가 들수록 자신의 얼굴에 책임을 져야 한다. 가장 좋은 얼굴, 가장 좋은 관상은 누구나 보았을 때 평안하고 미소를 머금은 듯 부드러운 얼굴이라는 것을 명심하자.

●

나의 얼굴은 편안하다
나의 표정은 편안하다
나의 마음은 편안하다
나의 미소는 편안하다
나의 몸도 편안하다
나의 모든 것이 편안하다
나는 모든 면에서 편안하다

나의 얼굴은 평온하다
나의 표정은 평온하다
나의 마음도 평온하다
나의 미소는 평온하다
나의 몸도 평온하다
나의 모든 것이 평온하다
나는 모든 면에서 평온하다

●

나의 얼굴은 편안하고 따뜻하다
나의 표정은 편안하고 따뜻하다
나의 마음도 편안하고 따뜻하다
나의 미소는 편안하고 따뜻하다
나의 몸도 편안하고 따뜻하다
나의 모든 것이 편안하고 따뜻하다
나는 모든 면에서 편안하고 따뜻하다

나의 얼굴은 다정하고 정답다
나의 표정은 다정하고 정답다
나의 마음도 다정하고 정답다
나의 미소는 다정하고 정답다
나의 몸도 다정하고 정답다
나의 모든 것이 다정하고 정답다
나는 모든 면에서 다정하고 정답다

●

나의 얼굴은 화평하고 평안하다
나의 표정은 화평하고 평안하다
나의 마음도 화평하고 평안하다
나의 미소는 화평하고 평안하다
나의 몸도 화평하고 평안하다
나의 모든 것이 화평하고 평안하다
나는 모든 면에서 화평하고 평안하다

나의 얼굴은 순하고 온화하다
나의 표정은 순하고 온화하다
나의 마음도 순하고 온화하다
나의 미소는 순하고 온화하다
나의 몸도 순하고 온화하다
나의 모든 것이 순하고 온화하다
나는 모든 면에서 순하고 온화하다

살아온 대로
살지 마라

당신은 희망이다

성공하지 못한 인생이라고 생각하는가? 자신이 못났다고 생각하는가? 그렇다면 지금까지 생각하고 말하고 행동한 모든 것은 던져 버려라. 저 흐르는 강물 속에 미련 없이 놔 버려라. 내가 변하면 모든 것이 변한다. 내가 본래 잘될 존재라는 것을 먼저 인정하라. 잘될 존재이기에 이 세상에 태어났고 지금까지 살아 있는 것이다.

이제 남 탓 그만해라. 환경 탓 그만해라. 돈 탓도 그만하자. 언제까지 나는 안 된다는 생각의 장벽 속에 갇혀 있을 것인가? 이런 마음속에서 어떻게 희망의 꽃이 피겠는가?

우리네 인생 자체는 내 자신이 만든다. 매일 수많은 선택과 행동을 통해 나 자신이 지은 것이다. 지금 이 책을 선택한 마음도 당신이 지은 것이고, 내가 원하는 삶을 만들기 위해 필사하는 것도 당신이 선택한 것이다. 너무 피곤해 일어날 힘도 없지만 그래도 다시 한번 펜을 들고 써 내려가고 읽어가고 있는 자도 모두 당신이다.

그렇다. 당신이다. 운명이 당신의 손에 달렸다. 삶의 주체, 인생의 주인공이 바로 당신이다. 당신은 그런 존재다. 내 운명의 갈기를 잡아 호령하고, 내 운명의 방향키를 잡고 돌리는 자. 그자가 바로 나다. 결코 주저하지 마라. 어떠한 순간에도 체념하지 마라. 굴복하지 마라. 포기하지 마라.

희망은 누가 던져주는 것이 아니다. 이미 내 안에 있는 것을 꺼내는 것이다. 누가 뭐래도 당신이 희망이라는 걸 기억하라. 당신의 존재 자체가 희망이다. 당신이 희망으로 바뀌면 어떠한 절망의 인생도 바뀐다.

지금 희망하라.
지금 바라고 바라라.

우리의 인생은 무엇으로 만들어지는가? 바로 지금 나의 생각, 나의 말, 나의 행동으로 우리의 한평생을 구성하고 살아간다. 지금까지 인생의 운이 나빴다고 생각하는 사람은 지금까지 해온 생각과 말과 행동의 방향을 틀어야 한다. 이제껏 운이 좋았다고 생각하는 사람도 지금까지 해온 생각과 말과 행동을 더 잘 유지할 수 있도록 다듬어 나가야 한다. 그렇지 않으면 불운은 금세 당신을 찾아온다.

그럼 어떻게 해야 할까? 바로 나와의 대화, 그리고 시각화가 필요하다. 지금 이 순간 긍정적이고 좋은 것, 좋아진 것, 좋아지고 있는 것을 바라봐야 한다. 목표를 향해 옆도 뒤도 보지 않고 앞만 보고 달려갈 게 아니라 나 자신과 대화하고 예전보다 조금이라도 좋아진 나를 만나고 바라봐야 한다. 그리고 좋아지지 않았다 하더라도 반드시 좋아진다고 믿어야 한다. 매일 아주 조금씩 좋아진 하루를 느껴라. 그 디테일을 찾아라. 그리고 알아차려라.

'그래, 조금 좋아졌어. 내일은 조금 더 좋아질 거야.'

'나는 반드시 좋아져. 천천히 좋아지고 있어. 그저 이렇게 해 나가는 거야. 잘하고 있어.'

이렇게 자신에게 매일 말하자. 나는 나에게 이런 말을 듣고 싶어 한다. 누가 해주길 기다리지 말자. 내가 나에게 해주면 된다. 내가 하면 된다. 새 인생을 개척하기에 늦은 때란 없다. 하루를 살아도 새로운 삶을 살아라. 하루를 살아도 희망을 보며 살아라. 다시 한번 포기하지 마라. 다시 한번 일어나라. 당신은 희망 덩어리다. 그 누가 뭐래도 당신은 희망이다.

나는 희망이다
나는 희망 덩어리다
새롭게 살아가라
내가 변하면 모든 것이 변한다

나는 내 운명의 주인이다
나는 내 운명을 바꿀 수 있다
나는 당당히 나의 길을 만들어간다
흔들려도 괜찮다
잠시 멈췄다가 다시 일어나면 된다

나는 포기하지 않는다
어떠한 순간에도 포기하지 않는다
나는 언제든 일어날 수 있다
지금이 다시 일어날 최적기다

미래는 현재의 연속이다
내일은 오늘의 연장이다
오늘 어떤 마음으로 사느냐에 따라
내일과 미래가 결정된다

미래를 알고 싶은가
지금이 미래다
과거가 기억나지 않는가
지금이 과거다
과거가 따로 없고
미래가 따로 없다
오로지 지금만 있다

그저 내맡겨라
이미 원하는 대로
움직이고 있다
이미 그렇게 흘러가고 있다
아무 걱정 마라
그 누가 뭐래도 내가 희망이다

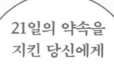

21일의 약속을 지킨 당신에게

인간은 본래 자연입니다.
자연의 한 부분입니다.
자연은 자연스럽습니다.
인간도 자연스러울 때 건강해지고 풍요로워집니다.

자연의 파동과 일치되어
본래 인간에게 주어진 최초의 본성을 다시 만나면
우리에게도 무한한 힘이 드러납니다.
우리 안에도 그 힘이 본래 자리하고 있습니다.

21일 동안 우리는 살아가며
해보지 않았던
마음내지 않았던
생각과 말을 해 보았습니다.
자연스레 흘러가며
뜻, 말, 몸을 챙겼습니다.

지금 나의 내면은 치유되고 있고
무한한 본성은 이미 꿈틀거리고 있습니다.
더 이상 주춤거리지 마십시오.
이미 변화는 시작되었습니다.

나아가라
멈추지 마라
물 흐르듯 흘러가라
바위를 뚫는
한 방울의 낙숫물처럼

매일 운이 좋아지는 21일 하루 명상

초판 1쇄 2022년 8월 25일
5쇄 2024년 3월 20일

지은이 채환

발행인 박장희
대표이사·제작총괄 정철근
본부장 이정아
편집장 조한별
책임편집 최민경

기획위원 박정호

마케팅 김주희 박화인 이현지 한륜아

디자인 여만엽

발행처 중앙일보에스(주)
주소 (03909) 서울시 마포구 상암산로 48-6
등록 2008년 1월 25일 제2014-000178호
문의 jbooks@joongang.co.kr
홈페이지 jbooks.joins.com
네이버 포스트 post.naver.com/joongangbooks
인스타그램 @j__books

참고문헌 위키백과

ⓒ채환, 2022

ISBN 978-89-278-0655-4 03190